农村养老新出路
——日间照料中心的可持续发展

刘 茜 著

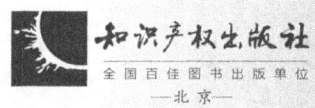

图书在版编目（CIP）数据

农村养老新出路：日间照料中心的可持续发展/刘茜著. —北京：知识产权出版社，2022.3

ISBN 978-7-5130-8068-2

Ⅰ.①农… Ⅱ.①刘… Ⅲ.①农村-养老-研究-中国 Ⅳ.①D669.6

中国版本图书馆 CIP 数据核字（2022）第 024481 号

内容提要

本书以农村日间照料中心的可持续发展为出发点和落脚点，沿着"理论分析—实证研究—经验借鉴—机制设计"的研究路径展开，通过构建农村日间照料中心可持续发展的政策、政府补贴及风险共担三个方面的运行机制，设计出具体的操作办法，为探索我国农村养老新出路提供了有益借鉴。

本书可作为从事养老研究和相关管理人员的参考用书。

责任编辑：曹靖凯　　　　　　　　　　责任印制：孙婷婷

农村养老新出路——日间照料中心的可持续发展
NONGCUN YANGLAO XIN CHULU——RIJIAN ZHAOLIAO ZHONGXIN DE KECHIXU FAZHAN

刘　茜　著

出版发行	知识产权出版社有限责任公司	网　　址	http://www.ipph.cn
电　　话	010-82004826		http://www.laichushu.com
社　　址	北京市海淀区气象路 50 号院	邮　　编	100081
责编电话	010-82000860 转 8763	责编邮箱	caojingkai@cnipr.com
发行电话	010-82000860 转 8101	发行传真	010-82000893
印　　刷	北京中献拓方科技发展有限公司	经　　销	新华书店、各大网上书店及相关专业书店
开　　本	720mm×1000mm　1/16	印　　张	9.5
版　　次	2022 年 3 月第 1 版	印　　次	2022 年 3 月第 1 次印刷
字　　数	150 千字	定　　价	68.00 元

ISBN 978-7-5130-8068-2

出版权专有　侵权必究

如有印装质量问题，本社负责调换。

前　言

农村日间照料中心的建设作为涉及农村老年人的社会福利事业，作为解决农村地区养老问题的新途径，有着区别于城市日间照料中心的特征和意义，其可持续发展状况是政府和社会公众共同的关注点。经过十余年的探索和发展，农村日间照料中心已经在全国范围内普遍建成，但在其规模迅速扩张的同时，却出现了诸多运营上的困难，已严重影响了其自身的良性发展。2019 年 3 月，"农村日间照料中心可持续发展路径研究"有幸获准立项为教育部人文社会科学研究青年基金项目（项目批准号：19YJC840025），笔者携课题组成员围绕农村日间照料中心可持续发展的相关问题进行了扎实、细致、深入的研究。

农村日间照料中心作为一种新的养老模式，介于家庭养老和机构养老之间，具有帮助农村老年人满足基本日常生活需要和维持良好社会功能两大优势。但是为什么很多农村日间照料中心出现了资源闲置、名存实亡等运营停滞的实际问题呢？基于这一问题，本书以农村日间照料中心的可持续发展为出发点和落脚点，沿着"理论分析—实证研究—经验借鉴—机制设计"的路径进行研究。首先，从学理上对农村日间照料中心的相关概念进行分析，并通过阐述福利多元理论、公共产品理论、风险治理理论等相关理论，为本书后续的研究提供分析视角和理论上的支撑；其次，根据实地调研、访谈和问卷调查结果对我国农村日间照料中心的发展现状进行实证研究，继而对我国雷家坡村日间照料中心、肥乡县互助幸福院，美国 NORC-SSP 及英国社会企业参与社区照顾的国内外案例经验进行详细介绍，并归纳总结这些日间照料中心的运营模式，为我国农村日间照料中心的可持续发展提供借鉴；最后，根据农村日间照料中心的构建原则和基本架构，以及政策机制和政府补贴机制，构建风险共担的运营机制，为我国农村日间照料中心的可持续发展提供有益参考。

本书根据以上研究，得出如下结论。

第一，农村日间照料中心应对农村空巢、留守、高龄老人日益增多的严峻局面，弥补了传统的家庭养老模式和机构养老模式的缺陷，为农村老年人提供了成本较低的日常生活照料服务，在我国广大农村地区推广具有现实上的必要性。

第二，农村日间照料中心这种接近熟悉生活环境的照料方式更容易被农村老年人及其家庭所接受，其以"吃饭"为最主要照顾内容的养老服务，可以解决农村老年人最实际的生活问题；能够利用农村熟人和半熟人社会❶的优势，调动社会力量共同参与，在我国广大农村地区推广具有实践上的可行性。

第三，农村日间照料中心在农村地区的发展需要一套完整的机制保障。具体的对策建议如下：一是打造政社合作模式；二是明确运营方法律主体资格；三是积极推进"造血"能力建设；四是探索可操作性强的评估制度；五是拓展照料服务范围，分类别和级别定位服务内容；六是开展场地、设施及设备的适老化改造，提高其有效利用率；七是坚持党建引领，融入优秀传统文化，激活社会正能量；八是建设专业化的照料服务队伍；九是广泛开展志愿服务活动。

在当前农村人口老龄化和养老模式发展尚不完善的背景下，我们需要迅速找到一条新的养老出路，而农村日间照料中心正是这一探索过程中的实践产物。能够让农村日间照料中心可持续地发展下去，对我国农村养老服务体系建设有所裨益，正是本书的出版初衷。希望本书可以引发更多的专家和学者对农村养老问题进行深入思考与探讨，期待广大读者朋友不吝赐教。

---

❶ 学术界对我国农村社会结构的解释可以概括为：费孝通提出的"熟人社会"，以及在此基础上由贺雪峰等延伸出的"半熟人社会"。

目 录

第一章 绪 论
第一节 研究背景 ·· 1
第二节 研究意义 ·· 5
第三节 国内外研究动态 ·· 6
第四节 研究的具体设计 ·· 9

第二章 相关概念和理论基础
第一节 相关概念 ··· 14
第二节 理论基础 ··· 19

第三章 我国农村日间照料中心的发展现状
第一节 总体的实践发展情况 ··· 28
第二节 标本取样调研——山西农村日间照料中心的基本情况 ······ 32
第三节 标本剖析——山西农村日间照料中心可持续发展的困境
　　　 及原因 ··· 38
第四节 发展现状总结 ··· 55

第四章 日间照料服务的典型经验借鉴
第一节 国内成功运营案例分析 ·· 58
第二节 欧美国家日间照料服务经验介绍 ·································· 72

第五章 构建农村日间照料中心可持续发展运行机制
第一节 构建原则 ··· 81

第二节	基本架构	83
第三节	政策机制	86
第四节	政府补贴机制	95
第五节	运营机制——基于风险分担的视角	107

第六章 回顾与展望

| 第一节 | 研究结论 | 113 |
| 第二节 | 发展趋势 | 116 |

附录 ………………………………………………………… 118

参考文献 …………………………………………………… 139

后记 ………………………………………………………… 144

第一章 绪 论

第一节 研究背景

一、农村人口老龄化

人口老龄化是指老年人占总人口的比例上升。按照国际通行惯例,当一个国家(地区)60周岁以上的老年人口占人口总数的10%,或65周岁以上老年人口占人口总数的7%时,就意味着这个国家(地区)处于老龄化社会。按此标准,1999年我国已经进入老龄化社会阶段。[1] 目前,我国的人口老龄化问题严峻,已经处于老龄化高速增长阶段。2010年第六次全国人口普查结果显示:我国60周岁及以上人口数量占人口总数的13.26%,比2000年第五次全国人口普查结果上升了2.93%,其中65周岁及以上人口数量占人口总数的8.87%,比2000年第五次全国人口普查结果上升了1.91%。截至2019年年底,全国60周岁及以上人口共计25 388万人,占人口总数的18.1%,其中65周岁及以上人口数量占人口总数的12.6%。[2] 2020年第七次全国人口普查的最新统计结果显示:我国60周岁及以上人口约为2.64亿人,占人口总数的18.70%,比2010年第六次全国人口普查的结果上升了5.44%,其中65周岁及以上人口数量占人口总数的13.50%(表1-1),比2010年第六次全国人口普查的结果上升了4.63%。预计到2025年,全国60周岁以上人口将突破3亿人,我国也将成为老年型国家。[3]

---

[1] 张恺悌,郭平. 中国人口老龄化与老年人状况蓝皮书 [M]. 北京:中国社会出版社,2009.

[2] 民政部发布2019年民政事业发展统计公报 [EB/OL]. (2020-09-08). http://www.mca.gov.cn/article/sj/tjgb/202009/20200900029333.shtml.

[3] "我国农村老龄问题研究"课题组. 中国农村人口老龄化快速发展,学者吁构建社保体系 [N]. 人民日报,2011-04-29.

表 1-1 2020 年全国人口年龄构成

年龄	人口数/人	比重/%
0~14 岁	253 383 938	17.95
15~59 岁	894 376 020	63.35
60 周岁及以上	264 018 766	18.70
总计	1 411 778 724	100.00
其中：65 周岁及以上	190 635 280	13.50

数据来源：国家统计局官网。

在老龄化进入高速增长阶段的同时，我国的老龄化呈现出城乡倒置的现象，农村老龄化问题较城市更加严峻。2005 年之后，我国便已经开始出现老龄化城乡倒置的现象，并在一段时间内保持 2% 以内的城乡老龄人口占比差距。2010 年以后，农村 65 周岁及以上人口占比与城镇之间的差距逐渐增加，到 2014 年，农村 60 周岁及以上人口占比 11.52%，城市为 8.91%，镇为 8.88%，农村比城镇高出约 2.64 个百分点。❶ 根据全国老龄工作委员会的预测，到 2030 年，农村老龄化程度将高达 29.1%，农村地区将率先进入重度人口老龄化时期。❷《养老金融蓝皮书：中国养老金融发展报告（2016）》指出，在 2040 年前，农村 65 周岁及以上老龄人口占比每年上升 1 个百分点，增长速度是全国老龄人口增长速度的两倍。

由此可见，在未来的一段时间内，我国农村人口老龄化的速度和老龄化程度相当严峻。

二、农村养老模式发展的问题

1. 传统家庭养老功能弱化

家庭养老是我国农村传统的养老模式。在封建社会，家庭养老得到封建君主专制制度的维护，封建统治者通过法律等手段推行儒家孝道思想，以服务其"君臣父子"的国家统治理念，为家庭养老模式奠定了政治和文

---

❶ 杨舒. 中国农村"居家扶助型"养老模式研究 [M]. 北京：中国社会科学出版社, 2020.

❷ 李本公. 中国人口老龄化发展趋势百年预测 [M]. 北京：华龄出版社, 2006.

化基础；根植于乡土社会的宗族宗法制度和以家庭为单位的小农经济，又为家庭养老奠定了社会和经济基础。与此同时，家庭养老模式反过来巩固了中国传统社会的结构与秩序。

但是，现阶段我国正处在社会转型期，传统家庭养老模式受到挑战。从社会整体结构的层面上看，农村的家庭模式逐渐趋于小型化、核心化和空巢化，家庭养老的功能趋于萎缩和弱化。

第一，我国农村家庭子女数量呈逐年下降的趋势。国家卫生计生委发布的《中国家庭发展报告（2015年）》显示：农村家庭平均规模为3.56人、农村家庭户平均规模为3.14人、农村户平均规模为2.79人，且核心家庭占60%以上。❶加之城镇化进程加快，农村青壮年劳动力向城镇单向流动等，造成家庭居住空间和家庭成员心理上的疏离，以及农村传统家庭照料人力资源的匮乏。

第二，思想和文化的变迁也在一定程度上影响着农村的养老观念和赡养行为的改变。中国传统的孝道伦理观念受到个人实用主义观念的冲击，农村青年一代更加注重个人和自我发展，导致传统赡养行为、家庭代际支持行为不断淡化。

在现阶段的农村社会，单纯依靠家庭来解决养老问题已经不完全符合农村的实际情况，传统的家庭养老模式陷入困境。

2. 机构养老难以普及化

机构养老是以老年人为服务对象，以生活照料、康复护理、紧急救援等为服务内容，以各类养老机构为服务载体，以实现基本养老服务功能为目的的一种养老模式。当前农村机构养老有两种类型，即公办养老机构和私营养老机构，均对服务对象有较高的选择性。

第一种类型，公办养老机构。该类型机构是以农村"五保"❷老人为主要服务对象，以公益或低收益的方式提供养老服务的福利机构。其覆盖服

---

❶ 家庭包括父母、子女和其他共同生活的亲属；家庭户主要包括依托亲属关系而共同居住的人，成员之间关系密切；户则包括调查时共同居住生活的家庭成员。

❷ 根据2006年《农村五保户供养工作条例》第二章对供养对象的规定：老年、残疾或者未满16周岁的村民，无劳动能力、无生活来源又无法定赡养、抚养、扶养义务人，或者其法定赡养、抚养、扶养义务人无赡养、抚养、扶养能力的，享受农村五保供养待遇。

务对象的范围仅限"五保"老年人或者有特殊困难的老年人。

第二种类型，私营养老机构。该类型机构是以失能、半失能的老年人为服务对象，以市场化的方式提供养老服务的营利机构。由于广大农村经济社会发展水平较城市低，且农村"养儿防老"观念的束缚，农村私营养老机构服务对象的范围也相对有限。

因此，现阶段广大农村机构养老覆盖面尚低，很难普及。2015年，《中共中央关于制定国民经济和社会发展第十三个五年规划的建议》将《中共中央关于制定国民经济和社会发展第十二个五年规划的建议》中"建立以居家为基础、社区为依托、机构为支撑"的养老政策思路调整为"建立以居家为基础、社区为依托、机构为补充"，"补充"代替"支撑"恰恰印证了机构养老在现实发展中的局限性。

3. 各种养老模式代际更迭化

2020年，《中共中央关于制定国民经济和社会发展第十四个五年规划和二〇三五年远景目标的建议》中要求："构建居家社区机构相协调、医养康养相结合的养老服务体系。"在实践中，各地已经开始尝试探索一系列新型养老模式，如嵌入式养老院、托老所、老年驿站、日间照料中心、互助幸福院等。这些新型养老模式的共同特点是都结合了家庭养老与机构养老的优势：在经济方面，降低了投入成本，进入门槛随之降低；在社会心理方面，符合农村老年人的养老意愿，已经被广大农村老年人所认可。

但是，各种新型养老模式作为一种过渡化的养老形式，仍然处在探索阶段，政府支持力度不足、社会参与度不够、协同化运作不充分等问题突出，各种方式均在实际运营中遇到发展瓶颈。面对这些发展瓶颈，各地通常的做法是"更新换代""改头换面"，如"日间照料中心"运营困难就由"养老驿站"代替，"托老所"发展不下去就弃而发展"互助幸福院"，更有甚者将其废弃闲置。各种模式背后的运作机制并无本质区别，模式与模式之间也无优劣之分，替代后实际效果也没有明显改善。因此，转变"一窝蜂"一样"摸着石头过河，不对就换"[1]式的做法，将现存的各类农村养老模式加以完善，实现经济和社会效益的利益最大化才更有实际意义。

---

[1] 周玉萍. 政府购买社区养老服务研究 [M]. 北京：中国社会科学出版社，2019.

第二节 研究意义

农村日间照料中心的建立拓展了农村老年人养老的可选择渠道,是对传统家庭养老和机构养老模式的有益补充,具有重要的理论和现实意义。

一、理论意义

第一,探索农村日间照料中心的可持续发展问题能够为养老政策的制定提供新思路。以往学界在研究养老政策时,更多地侧重在城市,对农村的关注程度不足。仅有的农村养老方面的研究,大部分将关注点集中在现状、问题总结上,而对策建议方面的研究普遍较为宏观,可操作性的微观解决方法较少涉及。本书通过构建农村日间照料中心可持续发展的政策、政府补贴及风险共担三个方面的运行机制,设计出具体的操作办法,该研究成果对政府制定农村养老政策具有一定的参考和借鉴意义。

第二,探索农村日间照料中心的可持续发展问题,可为解决现阶段农村养老困境提供理论指导。目前,农村日间照料中心的建设在全国已经铺开,但各地发展差异明显,大部分经济落后地区发展陷入困境,相关配套政策较为滞后,且尚未形成统一的政策及标准。本书基于农村日间照料中心运营模式的探索,为农村发展新型养老模式提供对策和建议,为相关政策的研究提供指导和依据。

第三,探索农村日间照料中心的可持续发展问题,对转变农村人口的养老观念、优化整合养老资源、完善养老服务体系及提高养老水平等均有积极意义。

二、现实意义

第一,探索农村日间照料中心的可持续发展问题,有利于满足农村老年人居家养老的心理意愿。农村日间照料中心可以为农村老年人提供成本低廉、居住在家的日常生活照料服务,符合农村老年人的实际需要,有利于提升其生活质量和幸福指数。

第二，探索农村日间照料中心的可持续发展问题，有利于破解农村日间照料中心的运营困境问题。农村日间照料中心的建设和发展一直处于边运营边摸索的状态，在实际运营中出现了诸如资源闲置、经费短缺、村干部积极性不高等问题，迫切需要总结经验，形成适合农村实际情况的服务方式及运营办法，以走出运营困境，来解决农村老年人日益增长的美好生活需要和养老资源供给不平衡、不充分的发展之间的矛盾，最终保障农村社会的和谐与稳定。

第三节　国内外研究动态

一、国外相关研究

20世纪60年代，西方发达国家提出了"在适合环境中养老"的理论[1]，随着20世纪70年代福利国家进入危机阶段，英国率先以老年人为服务对象，推行社区照顾服务（其中包括"日间照料中心"），对国家福利制度进行改革。发展至今，通过日间照料中心为老年人提供日间照料服务已经成为一种专业的养老服务模式，其实践经验和研究成果已经相对成熟，并已在大多数发达国家得到推广。

国外学者关于"日间照料"的研究主要集中在以下几个方面。

第一，关于老年人接受日间照料服务需求影响因素的研究，如身体健康状况对老年人日常照料服务需求的影响方面的研究[2]，经济支付能力对老年人日常照料服务需求的影响方面的研究，代表学者有贝蒂娜·梅诺[3]等。

第二，关于服务者在日间照料中心作用的研究，如照料服务提供者应

---

[1] 李川渝. 我国城市居家养老社区服务研究[D]. 杭州：浙江大学，2007.

[2] GOMI I, FUKUSHIMA H, SHIRAKI M, et al. Relationship between Serum Albumin Level and Aging in Community-Dwelling Self-Supported Elderly Population[J]. Journal Nutr Sci Vitaminol, 2007. (53):37-42.

[3] MELNOW B, KREHOLT I, LAGERGREN M. According to need? Predicting the amount of municipal home help allocated to elderly recipients in an urban area of Sweden[J]. Health and Social Care in the Community, 2005, 13(4):366-377.

具备的专业技能、专业培训及专业监督等方面的研究❶，社会工作者在日间照料服务中的角色和作用等方面的研究❷。

第三，关于日间照料中心运营模式的研究。以英国为代表的西方发达国家在社区照顾模式下，由政府主导制定政策法规、提供资金支持，在社区成立日间照料中心，工作人员以此中心为依托，开展老年人日间照料服务，诸如餐饮、娱乐、健身和心理咨询服务等。❸日本的日间照料中心鼓励民间力量参与市场竞争，具有市场性的特征，其收入的90%来自保险费，如果日间照料中心的服务质量不佳，中心会受到行政处分。❹

第四，关于政府对日间照料责任问题的研究。在大多数发达国家，均制定了完善的政策法规对社区照顾服务进行规范。例如，从20世纪60年代开始，美国、日本等国陆续颁布了一系列法律政策，制定涉及老年人权益、运营管理办法和服务人员培训等措施服务的标准和方案。在英国，政府还将照料服务纳入地方政府统一管理范畴。

综上所述，国外关于日间照料的研究较早，已经趋于成熟和完善，但由于经济基础、思想文化等方面的国情差异，在具体方法的借鉴上仍需要结合本土实际情况。正如美国波士顿学院申策教授所说："虽然中国需要借鉴其他国家的经验，但中国也应该探索出一条适合本国具体国情的养老保障之路。"❺

---

❶ SCHMID H. The Israeli long-term care insurance law: selected issues in providing home care services to the frail elderly[J]. Health and Social Care in the Community, 2004. 13 (3): 191-200.

❷ MOODY CHARLES M, STULL DONALD E. Ethnicity and long-term care[M]. New York: Springer Publishing Co, 1998.

❸ KING T. Adult Day Care Assessment Procedures[EB/OL]. (2013-06-10). http://familycaregiverheroes.com/articles/adult-daycare-elder-daycare.html.

❹ Aged Care Policy Directorate. Western Australia Home and Community Care[R]. Australia: Center Based Day Care Report, 2007.

❺ 申策. 美国的社会保险制度对中国养老制度改革的启示[EB/OL]. (2013-08-29). http://www.zhongdaonet.com/News Info.aspx? id=8625.

二、国内相关研究

国内关于农村日间照料的相关研究可以追溯到 2011 年，在此之前，关于农村日间照料的专门研究还未出现，一些对农村日间照料的相关论述仅零散地出现在"农村养老制度建设"的研究中，没有出现观点明确和系统的论述。

随着国务院办公厅《社会养老服务体系建设规划（2011—2015 年）》和民政部《社区老年人日间照料中心建设标准》（建标 143-2010）的出台，学界关于日间照料中心的学术研究才开始出现。笔者在"中国知网"输入关键词"日间照料中心"进行检索发现，截至 2021 年 1 月有相关文章数量总共 731 篇，但仅有 161 篇是有关"农村日间照料中心"的文章（包括学术论文、会议论文、硕博论文和新闻报道，见图 1-1），核心收录系数为 0。

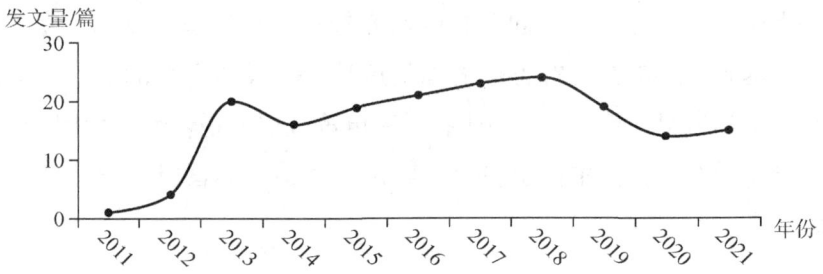

图 1-1 "中国知网"中"农村日间照料中心"相关文章发表年度趋势

通过梳理有关农村日间照料中心已有的相关学术研究成果，笔者发现其呈现两方面的特点。

第一，研究内容和方法存在局限。目前相关的研究内容和方法基本围绕现状调查和对策建议展开，且囿于个案经验。例如，李文清的《山西农村老年人日间照料中心可持续发展问题研究》、陈浩的《贫困县农村社区养老问题研究——以山西省平陆县为例》、刘晓懿的《天津市城乡结合部日间照料中心的研究——基于对津南区社区日间照料中心的调查》、刘婵娟的《乡村振兴背景下的济南市农村日间照料养老服务》等论文，研究侧重点均放在现状问题总结上,对策建议普遍为宏观思路,可操作性的微观解决方法较少涉及。

第二,研究质量和发文层次较低。55篇学术论文全部发表在非核心类期刊上,52篇学位论文均为高校硕士论文。图1-2是对来自"中国学术搜索网"对"农村日间照料中心"主题的不完全统计,2013年到2021年,检索词的学术研究产出最高为2篇/年,评价结论为"核心刊收录系数为0,文章质量非常低"。

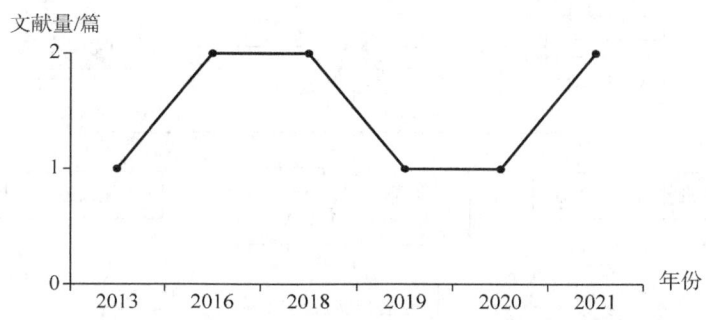

图1-2 "中国学术搜索网"关于"农村日间照料中心"研究成果的趋势

综上所述,国内关于"农村日间照料中心"的研究呈现出震荡中上升的特征,但站在全局的高度上探寻农村日间照料中心发展的总体方向,在发现实际中存在的问题、总结经验的同时具体关注微观上可操作的改进方法方面的研究尚存在空白。本书将系统梳理总结农村日间照料中心的基本情况,分析现存问题及原因,并结合国内外成功经验探讨可持续发展的路径,以推进农村日间照料中心研究的发展。

第四节 研究的具体设计

一、研究框架

本书以农村日间照料中心为研究对象,在文献资料法基础上明确农村日间照料中心运营发展的相关概念和理论基础,并通过问卷调查法、访谈法及观察法等探索农村日间照料中心的发展现状、困境及原因,运用典型案例研究法和分析比较法，总结国内外日间照料服务的成功案例经验，从而构建出我国农村日间照料中心可持续发展的运行机制（图1-3）。

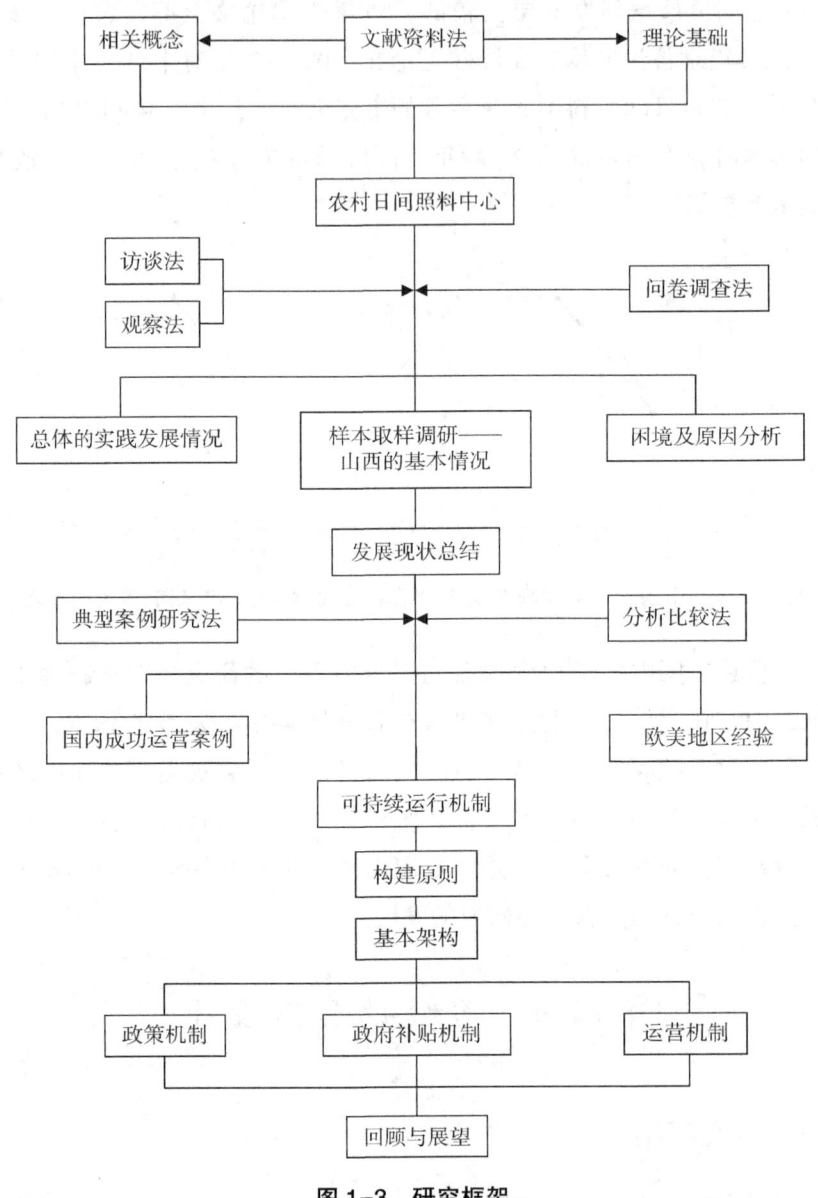

图1-3　研究框架

二、研究内容

本书的研究内容贯穿于上述研究框架之内，下文将对该研究的具体内容进行分解与细化。

第一章：绪论。首先，以农村人口老龄化和养老模式内卷化为基础提出本书的研究背景；其次，从理论和现实两个方面对农村日间照料中心研究所发挥的作用进行总结，以说明本书的研究意义；再次，对国内外学者在相关领域的研究现状进行总结梳理并进行述评；最后，介绍本书的研究框架、研究内容和研究方法，进而展现本书的整体脉络。

第二章：相关概念和理论基础。本章界定研究中涉及的重要概念，诸如农村老年人、农村日间照料中心等，同时通过阐述福利多元理论、公共产品理论、风险治理理论等，为本书后续的研究提供分析视角和理论上的支撑。

第三章：我国农村日间照料中心的发展现状。首先，通过经济发展不同程度的农村地区的日间照料服务案例展示我国农村日间照料服务发展的大致情况，在此基础上总结出目前日间照料模式的优势及困境问题；其次，选取兴起时间、发展速度和现建成数量均居全国前列的山西农村日间照料中心为样本，运用定量和定性相结合的方法对运营状况不同的典型样本进行解剖，寻找束缚发展的具体问题及其原因。

第四章：国内外日间照料服务的经验借鉴。介绍国内外成功运营的日间照料中心案例，如国内的雷家坡村日间照料中心、肥乡县互助幸福院，美国NORC-SSP及英国社会企业参与社区照顾的案例等，归纳总结日间照料中心的运营模式，为我国农村日间照料模式的可持续发展提供借鉴。

第五章：构建农村日间照料中心可持续发展的运行机制。第一，提出农村日间照料中心可持续发展的构建原则；第二，从服务提供者、服务对象、服务内容和服务框架四个方面设计出农村日间照料中心可持续发展的基本架构；第三，从宏观的政策思路和微观的政策内容上，构建出农村日间照料中心可持续发展的政策运行机制；第四，从公共管理学、经济学和实证的角度论证，规划和设计出政府补贴的技术路线及具体方法，构建出农村日间照料中心可持续发展的政府补贴机制；第五，从风险分担的角度，构建出农村日间照料中心风险共担的运营机制。

第六章：回顾与展望。在本书的结尾部分，总结性地回顾了农村日间照料中心可持续发展的必要性、可行性和可持续发展策略，并对未来发展方向和内容作出展望。

三、研究方法

1. 文献资料法

收集、查阅党中央、国务院、各级政府及有关职能部门养老方面的相关政策文本，分析日间照料中心的政策表述；阅读、检索相关书籍、期刊及中国知网等，搜集关于日间照料中心的学术文献资料，整理出农村日间照料中心发展的脉络和已有研究成果，为课题各个方面的研究提供文献材料支撑，从而形成科学、合理的学术结论及预测判断。

2. 问卷调查法

本书在研究过程中采用的问卷调查共分预调查与调查两个阶段。预调查在2018年6月初；大规模调查在2018年6月中旬至7月底，抽样调查了山西省晋北、晋中和晋南三个地区的农村日间照料中心，实际有效问卷408份。调查对象包括105名农村日间照料中心的老年人、241名尚未接收农村日间照料中心照料的老年村民、34名农村日间照料中心工作人员（11名农村日间照料中心运营负责人及23名普通工作人员）和28名当地村干部，分别占有效调查问卷份数的25.74%、59.07%、8.33%和6.86%。

根据调查目的，笔者主要对正在接受农村日间照料服务的老年人、尚未接受农村日间照料服务的老年人、农村日间照料中心负责人及其工作人员和当地村干部进行问卷调查。调查内容涉及所服务老年人的年龄层次、服务项目、服务水平、收费标准、运营成本、管理方式等。问卷采用随机分发的形式，直接向上述四类调查对象发放。通过回收问卷整理分析出目前农村日间照料中心存在的问题，针对现存问题寻找原因，并提出政策建议。

3. 访谈法

笔者于2018年5月至2020年10月深入山西省晋北、晋中、晋南三个地区 12 个市县，分别选取各地运营良好、一般及困难的 11 个代表性农村日间照料中心进行实地走访调研。对超过 60 名当地民政干部、农村日间照料中心负责人、农村日间照料中心老年人及村民等进行半结构化的深度访谈，访谈内容涉及农村日间照料中心的服务内容、村民的满意度、运营管理情况、经费收入和支出情况等。

在每次访谈过程中，均有文字记录或录音，这些第一手资料为本书的研究提供了真实、准确的依据和参考。

4. 典型案例研究法

本书选取农村日间照料中心的若干个典型案例（包括正反两方面的案例）进行研究，围绕准入制度、监管体系、扶持政策、主体责任、运营模式、服务评估等方面的经验和教训进行分析。

5. 分析比较法

与其他国家和地区的运营模式进行比较分析，学习采纳其先进思想和做法。

6. 观察法

为了了解农村日间照料中心的基本运营情况，采用参与式观察的方法在山西的多家农村日间照料中心进行实地观察，如晋南地区 LY 县 PS 村、晋中地区 ZQ 县 XNZ 村、晋北地区 YG 县 SHT 村等，从而获得了第一手研究资料。

第二章 相关概念和理论基础

第一节 相关概念

一、农村老年人

"老年人"是一个动态变化的概念，随着人类寿命的延长，其定义标准也在不断随之调整。根据世界卫生组织的划分标准，将65周岁以上的老年人口称为"老年人"；而根据《中华人民共和国老年人权益保障法》第二条的规定，老年人是指60周岁以上的公民。

本书采用《中华人民共和国老年人权益保障法》对老年人的定义，并以此标准来界定老年人的年龄范围。因此，农村老年人是指年满60周岁且长期生活并居住在农村的老年人口。按照学术惯例，又将农村老年人分为60~69周岁的低龄老年人、70~79周岁的中龄老年人和80周岁及以上的高龄老年人。其中，高龄老年人、失能失智老年人和留守及空巢老年人是农村老年人群体中的弱势老年群体，是农村日间照料中心的重点服务对象。

二、农村日间照料中心

2001年6月，以民政部"星光计划"为契机，我国各地社区的"星光老年之家"陆续开始建设。在此基础上，上海、深圳、天津和沈阳等地于2008年开始建设社区日间照料中心，并于"十二五"期间在全国范围内逐渐推广。2011年国务院办公厅出台的《社会养老服务体系建设规划（2011—2015年）》提出了"日间照料服务基本覆盖我国半数以上农村社区"的建设目标，就此，我国的农村日间照料中心在全国范围内开始大规模建设与发展。

日间照料中心在美国称为"成人日间照料中心"（Adult Day Care Centers），在澳大利亚称为"日间照料中心"（Centre-based Day Care），在我国香港地区称为"长者日间护理中心"（Day Care Centre for the Elderly），虽然在名称上存在差异，但均指在白天为需要帮助和照管的成人提供护理和陪伴服务的机构。❶ 2016年，《社区老年人日间照料中心服务基本要求》中明确指出："社区老年日间照料中心是为社区内自理、半自理老年人提供膳食供应、个人照料、保健康复、精神文化、休闲娱乐、教育咨询等日间服务的养老服务设施。"❷ 但国内学界尚没有对农村日间照料中心的概念形成统一的界定。通过对已有研究的梳理，对农村日间照料中心的认识大体可以形成以下共识：第一，服务地点在农村社区内；第二，服务时间为白天；第三，服务对象是农村社区内老年人；第四，服务内容包括生活照料、医疗保健、精神文化等。

因此，本书认为农村日间照料中心建设属于"社区照顾"模式中的一种实施策略，是指由农村社区内的正式和非正式支援网络提供照料服务，让需要照顾的老年人在农村社区中得到照顾。其以农村社区为依托，白天为农村老年人提供日常生活照顾、医疗保健和精神文化等服务，晚上农村老年人则回家与家庭成员共同生活，是不同于家庭养老和机构养老的一种新型养老模式。

本书中的农村日间照料中心特指通过政府、村委会或老年协会、社会服务机构、企业等正式社会支持网络❸和志愿者、爱心人士等非正式社会支持网络，为农村社区内的空巢、留守等老年人提供用餐、日间休息、文娱活动、养生康健等日间托养的养老场所。

---

❶ Elder Care Locator. Adult day care. Washington, D. C: Eldercare locator [EB/OL]. (2012-04-13)[2013-06-10]. http://www.eldercare.gov/Eldercare.NET/Public/Resources/Factsheets/Adult_Day_Care.aspx.

❷ 中国标准化委员会. 社区老年人日间照料中心服务基本要求（GB/T33168-2016）[S]. 北京：中国标准出版社，2016.

❸ 社会支持网络是个人得以维持社会身份并获得物质帮助、情感支持、社会服务、信息传递等的社会网络，包含正式社会支持网络与非正式社会支持网络。正式社会支持网络通常包括政府、社会组织、社区居委会等，非正式社会支持网络通常包括亲属、朋友、邻里等。

三、村民委员会

1978年党的十一届三中全会后,农村普遍实行家庭联产承包责任制,人民公社的政治功能和经济功能逐渐丧失,生产大队和生产队因此失去了行政权威,农村的公共事务和公益事业处于瘫痪状态,亟须一种新的社会组织来代替人民公社,村民委员会应运而生。1982年,国家正式将村民委员会作为国家的农村基层组织写入宪法修正草案。1983年,中共中央、国务院在《关于实行政社分开建立乡政府的通知》中明确要求应按照村民居住状况,在全国普遍设立基层群众性自治组织——村民委员会。

《中华人民共和国宪法》第一百一十一条明确规定了村民委员会是基层群众性自治组织,《中华人民共和国村民委员会组织法》第二条具体规定了村民委员会是村民自我管理、自我教育、自我服务的基层群众性自治组织,实行民主选举、民主决策、民主管理、民主监督。村民委员会办理本村的公共事务和公益事业,调解民间纠纷、协助维护社会治安,向人民政府反映村民的意见、要求和提出建议。村民委员会向村民会议、村民代表会议负责并报告工作。因此,根据《中华人民共和国宪法》和《中华人民共和国村民委员会组织法》,村民委员会(以下简称"村委会")在性质上是为实现村民自治的基本组织载体,具有群众性、自治性和地域性的特征。

《中华人民共和国村民委员会组织法》从广义和狭义两个层面对"村委会"的概念做出了界定。从狭义上讲,村委会由村民民主选举产生,主要由村委会主任、副主任和委员3~7人组成,根据需要下设人民调解、治安保卫、公共卫生与计划生育等委员会(《中华人民共和国村民委员会组织法》第二章第七条的规定),办理本居住地区的公共事务和公益事业,调解民间纠纷,协助维护社会治安,并且向人民政府反映群众的意见、要求和提出建议;从广义上讲,村委会是村民(代表)大会的执行机构,对外行使村民自治的职能。

在农村日间照料中心的运营中,村委会是大部分日间照料中心的实际运营方,履行着营运本村公共事务和公益事业,以及协助政府开展工作的多方面职能。因此,本书对"村委会"的概念界定侧重在广义层面上。

四、农村老年协会

农村老年协会（或称"农村老人协会""农村老人会""农村老年人协会"等），最早产生于20世纪70年代初。江苏省兴国县江背镇高寨村的"老人互助会"被称为国内第一个农村老年组织。20世纪80年代中后期，在法律和法规的认可和推动下，农村老年协会在全国许多省份迅速发展。

城乡老年协会是我国社会组织的重要组成部分，是老年人自愿组成，在党支部和街道委员会、村委会的领导下，按照章程开展活动的非营利性组织，是老年人自我管理、自我教育、自我服务的老年群众组织。[1] 其中，农村的老年协会不同于1949年前以宗族为单位的族老会，而是以村委会为单位建立和活动的[2]，在本质上是农村社会组织的一部分。其产生于村庄内部，是由村庄内的老年人自发成立，以服务村庄老年群体、为村庄老年群体提供公共服务、保障其合法权益为主要目的，并发挥自身组织功能为村庄公共事务服务的农村社会组织。

因此，农村老年协会作为农村的基层社会组织，具有社会组织的一般性质：一是组织性，即设计自身组织结构并制定组织纲领和章程，能够以组织身份进行活动；二是非营利性，即不以营利为目的，以实现老年群体福利的最大化为目标；三是自治性，即在政府的监管或指导下，自我管理和自我发展，独立运行；四是志愿性，即老年协会成员入会或退会、参与活动等非强制，尊重老年人的个人意愿。但与其他群众组织相比，老年协会具有国家法律确定的获得经济收入的权利。[3]

---

[1] 全国老龄工作委员会办公室、民政部《关于进一步加强城乡社区老年协会建设的通知》[EB/OL]．（2015-05-19）．http://www.gov.cn/xinwen/2015-05/19/content_2864758.htm.

[2] 贺雪峰．新乡土中国[M]．北京：北京大学出版社，2019．

[3] 邓燕华，阮横俯．农村银色力量何以可能？——以浙江老年协会为例[J]．社会学研究，2008（6）：131-154，245．

五、法律主体资格

法律主体资格指在法律上能够作为维护和行使权利，履行法律义务和承担法律责任的主体资格。本书中的法律主体资格具体指作为农村日间照料中心实际运营主体的村委会或村老年协会，其能够在运营过程中享有相应的权利、承担相应义务和责任的法定条件。

农村日间照料中心的权利、义务和责任又是法律政策所要规范的内容，因此农村日间照料中心的法律主体资格又可以解释为"成为法律政策所规定的主体能力"。

明确农村日间照料中心的法律主体资格，明确运营主体定位、权利和责任，是规范农村日间照料中心运营行为的必要条件。

六、政社合作

从政策意义上讲，政社合作是政府和社会组织基于实现共同认可的公共目标而建立和维护的相互依赖关系。❶

政社合作是政府和社会组织等各种社会力量共同参与，建立在对合作目标认同与承诺的基础上，彼此间关系相互依赖，并且这种相互依赖关系受到方式、条件、期限和程度等的制约。这种政社合作关系，既要求合作方在知识技术和运行程序上相互分工，又要求在价值理念上相互认同，从而形成利益共享和风险共担的合作格局。❷

农村日间照料中心的政社合作是指政府和各种社会力量合作，多方共同参与运营农村日间照料中心。具体表现为由各级地方人民政府主导，村委会或村老年协会运营，社会服务机构、志愿者、企业及爱心人士等社会力量共同参与，即上述社会力量通过法律程序进入农村日间照料服务的利益表达、参与、协商和评议等过程中，实现与政府的共同治理。

---

❶ 敬乂嘉. 从购买服务到合作治理——政社合作的形态与发展 [J]. 中国行政管理, 2014 (7): 54-59.

❷ 同❶.

第二节 理论基础

一、福利多元化理论

福利多元主义（Welfare Pluralism，WP）又称"混合福利经济"（Mixed Economy of Welfare），兴起于20世纪70年代的欧洲福利国家。1978年，英国《沃尔芬德的志愿组织的未来报告》中最早使用了"福利多元主义"这一概念，并将志愿者组织纳入社会福利提供者的范围，福利多元主义的实践开始发端。[1] 1986年，罗斯在《相同的目标、不同的角色——国家对福利多元组合的贡献》一文中具体阐述了福利多元主义的概念。罗斯认为，国家是福利的重要提供者，但并不是垄断者；福利是全社会的产物，国家、市场和家庭在社会中提供的福利总和才是社会福利；国家、市场和家庭作为单独的社会福利提供者单独存在，均有不同程度的缺陷，可以通过国家、市场、志愿组织、家庭及个人的多元组合相互弥补不足，在福利来源和责任上实现多元化。在此分析基础上，罗斯提出了社会总福利的公式，即 $TWS=H+M+S$。其中，TWS 是一个社会的总福利，H 是家庭提供的福利，M 是市场提供的福利，S 是国家提供的福利。[2]

1988年，伊瓦思在借鉴罗斯"三分法"的基础上，将福利的"三分"具体化为组织、价值和成员关系[3]（表2-1）。国家对应公共组织，体现价值的平等和保障，为社会成员提供基于正式社会福利制度的正式社会福利；市场对应正式组织，体现价值的自主选择，为社会成员提供基于就业的经济福利；家庭作为非正式或私人的组织，在微观层面体现价值的团结和共

---

[1] WOLFENDEN. The Future of Voluntary Organizations: Report of the Wolfenden Committee[M]. London: Croom-Helm, 1978.

[2] ROSE R. Common Goals but Different Roles: The State's Contribution to the Welfare Mix[M]. Oxford: Oxford University Press, 1986.

[3] EVERS A. WINTERSBERGER H. Shifts in the Welfare Mix: Their Impact on Work, Social Services and Welfare Policies[J]. American Journal of Sociology, 1992, 97(5): 1481-1483.

有，为社会成员提供基于个人努力、家庭保障和社会互助的非正式福利。

表2-1 伊瓦思的福利三角：组织、价值和关系

部门	福利三角		
	组织类型	价值	社会成员间关系
国家	公共的	平等、保障	行动者和国家关系
（市场）经济	正式的	选择、自主	行动者和（市场）经济关系
家庭	非正式/私人	（微观）团结、共有	行动者和社会关系

资料来源：EVERS A. Shifts in the Welfare Mix: Introducing a New Approach for the Study of Transformation in Welfare of and Social Police, In EVERS A, WINTERSBERGER H(Ed), Shifts in the Welfare Mix: Their Impact on Work, Social Service and Welfare Polices, Eueoscial, Vienna, 1988.

在伊瓦思的进一步研究中又提出福利多元主义的"四分法"，将福利提供者分为国家、市场、社区和民间社会（表2-2）。

表2-2 伊瓦思的福利"四分法"

特征	国家	市场	社区	民间社会
福利生产部门	公共部门	市场	非正式部门/家庭	非营利部门/中介机构
行动协调原则	科层制	竞争	个人责任	志愿性
需方的角色	社会权的公民	消费者	社区成员	市民/协会成员
交换中介	法律	货币	感激/尊敬	说理/交流
中心价值	平等	选择自由	互惠/利他	团结
有效价值	安全	福利	个人参与	社会/政治激活
主要缺陷	对少数全体需要的忽视，降低自主的动机，自主选择的自由下降	不平等、非货币化结果的忽视	受道德约束降低个人选择的自由，对非该团体的成员采取排斥的态度	对福利产品的不平等分配，专业化缺乏，低效率

资料来源：EVERS A, OLK T. Wohlfahrts Pluralismus: Vom Wohlfahrts StaatZur Wohlfahrts Gesellschaft, Opladen, 1996.

不同于伊瓦思，吉尔伯特同样提出福利多元主义的"四分法"，但其是在罗斯"三分法"的基础上引入志愿组织，并强调志愿组织的特殊作用。（表2-3）。

表 2-3　吉尔伯特的福利"四分法"

领域	政府	志愿组织	非正式组织	商业组织
公共领域	联邦、州及地方政府的直接转移支付；税收开支的间接转移支付；规则转移	—	—	—
私人领域	—	志愿性非营利组织提供的服务	家庭和朋友提供的非正式支持和援助	由营利部门提供的产品和服务

资料来源：吉尔伯特·特瑞. 社会福利政策导论［M］. 黄晨熹，周烨，刘红，译. 上海：华东理工大学出版社，2003：79.

综上所述，多元化是福利多元主义的核心内涵，介于制度型福利和剩余福利之间。[1] 在实践中，绝大部分的农村日间照料中心实行"政府主导、属地管理、业务监督、村级主办"的管理运行体制和"集体筹一点、个人掏一点、政府补一点、社会捐一点"的资金筹集方式，恰与福利多元主义理念相吻合。

二、公共产品理论

公共产品思想最早发源于古希腊时期。国家普遍在这一时期出现，公民政治获得充分发展，公共领域的思想讨论也随之展开。17 至 19 世纪中后期，欧洲社会逐渐确立了自由竞争的市场经济体制，在自由市场竞争的背景下，人们逐渐开始意识到国家具有履行社会公益的职能，这些论述被认为是公共产品理论最早期的朴素思想。其中，比较典型的是休谟、亚当·斯密和穆勒等学者对政府职责的探讨。

"公共产品"一词最早由林达尔在 1919 年发表的《公平税收》一文中提出，其建立的"林达尔均衡模型"认为：人们分摊公共产品的成本与边际收益成比例，即每个人应纳税额应与其从该公共产品消费中所享受到的收益相对等。该模型的建立，在促进西方公共财产理论发展的同时，也对公共

---

[1] 林闽钢. 我国农村养老实现方式的探讨［J］. 中国农村经济，2003（3）：33-39.

选择理论和公共产品理论的发展起到重大作用。1954年,萨缪尔森在《公共支出的纯理论》一书中给出了公共产品的经典定义,即公共产品就是指每个个体消费这种物品不会导致别人对该物品消费的减少。[1] 公共选择学派的奠基者布坎南从制度安排的角度把公共产品界定为:任何由集体或社会集团决定,为了任何原因,通过集体组织提供的物品或服务。[2] 斯蒂格勒茨在《经济学》一书中将公共产品定义为:公共产品是这样一种物品,在增加一个人对它的分享时,并不导致成本的增长(它的消费是非竞争性的),而排除任何个人对它的分享都要花费巨大成本(它们是非排他性的)。[3] 综上所述,主流经济学家们多数从公共产品消费的特征,即"非排他性"和"非竞争性"的角度对公共产品进行界定,因此,具有消费上特殊属性的产品就是公共产品。

1965年,公共选择学派的奠基者布坎南在《俱乐部的经济理论》一文中提出了公共产品中的特殊类型——俱乐部产品。布坎南认为,全部的公共产品不仅包括纯公共产品,还有很多"准公共产品"存在于现实生活中,萨缪尔森只考虑到公共产品在消费数量上的不变性,却没有考虑到消费质量上的变化性,因为从纯公共产品到私人产品是一个"连续光谱",其中还包括具有非竞争性和排他性或者具有竞争性和非排他性特征的准公共产品,如图2-1所示。因此,公共产品又可以根据竞争性和排他性特征划分为纯公共产品和准公共产品两种类型。在使用过程中不存在"拥挤效应",如国防、法律等具有规模经济特征的产品就属于纯公共产品;当超过临界点时,"拥挤效应"随着产品的非竞争性和非排他性逐渐消失,此时的公共产品就属于准公共产品。准公共产品具有不完全的非竞争性和非排他性,还可以进一步细分为"俱乐部产品",即具有非竞争性与排他性的公共产品;以及"公共池塘资源",即具有竞争性但不具有排他性的公共产品,如图2-2所示。

---

[1] SAMUELSON P A,. The Pure theory of Public Expenditure[J]. Review of Economics and Statistics,1954(4):387-389.

[2] 陈振明. 公共管理学——一种不同于传统行政学的研究途径[M]. 2版. 北京:中国人民大学出版社,2006.

[3] 斯蒂格利茨. 经济学[M]. 北京:中国人民大学出版社,1997.

图 2-1　纯公共产品到私人产品的"连续光谱"

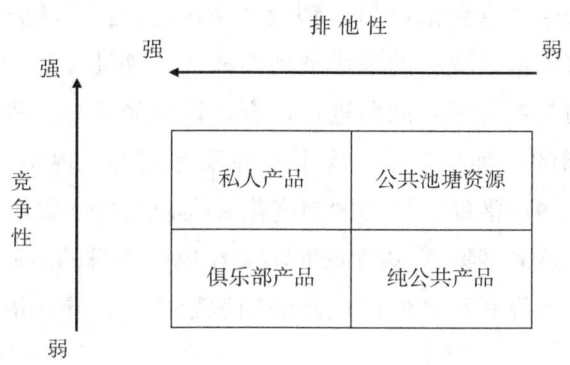

图 2-2　公共产品、准公共产品（公共池塘资源、俱乐部产品）和私人产品的特征

从竞争性和排他性的角度看，户籍、年龄及身体状况等条件虽然在表面上具有排他性，但从实质上看，每个本村居民都可以在年龄达到一定条件下享受这一服务。为此，可以将农村日间照料中心的照料服务定性为纯公共产品。如果结合老年人经济状况和不同的年龄段等因素综合考量补贴和收费标准，此时农村日间照料中心的照料服务将成为准公共产品，且成为准公共产品中的"俱乐部产品"，如图 2-3 所示。

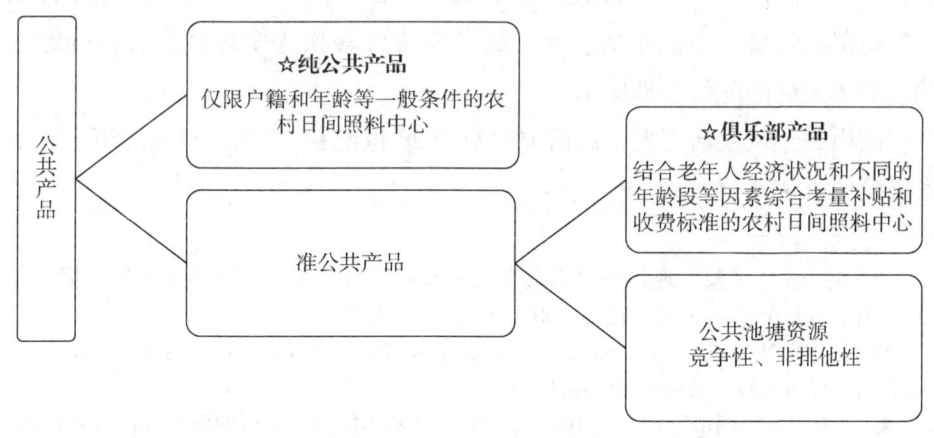

图 2-3　作为公共产品的农村日间照料中心的性质类型

三、风险治理理论

在西方风险治理理论的相关研究中，风险治理性（Governmentality）学派最具代表性，主要观点集中在艾尔瓦德的《保险和风险》、卡斯特尔的《从危险到风险》、卢普顿的《风险和社会文化理论：新的方向和前景》等著作中。该学派借鉴了福柯的现代批判性和"治理性"思想，主要围绕风险与权力之间的关系对风险问题进行研究。该学派认为，风险是现代政府运用其训诫权利的一种战略，风险本身并不是问题，现实中不存在风险，问题只在于专家知识借助于权力的制度化和大众对这些制度的认同而有效控制被认为是风险的事物。[1] 该学派并不关注风险本身的本质，而是把注意力集中在规避可计算和可预知的风险的知识形式、主导话语、专门技术和社会制度上。[2]

"风险治理"的概念形成于 21 世纪初，首先由"欧洲诚信网络"[3]（Trustnet）提出，经联合国等官方机构使用后而普及使用。罗西瑙主张，风险治理应发挥多元力量参加治理的过程，虽然政府参与风险治理不可或缺，但并不提倡政府使用强制性力量。皮埃尔和彼特斯认为，政府改变了传统的强制和命令行为，但其仍应在风险治理中处于中心位置，因为政府、市场和社会是合作共赢关系，而非相互替代关系。伦内提出了风险治理综合框架，将风险治理分为预评估、评估和管理三个阶段，并指出风险沟通应当贯穿于风险治理的整个过程。拉加德科提出，风险治理要在观念和行动上实现范式转换，由确定的、孤立的危机事件转换为全球性的、不确定性的、动态关联的危机管理体系。

国内关于风险治理理论的研究发端于 20 世纪 90 年代，至今经历了三个发展阶段（表 2-4）。

---

[1] 何小勇. 风险、现代性与当代社会发展——当代西方风险理论主要流派评析[J]. 内蒙古社会科学（汉文版），2007, 28(6): 61-71.

[2] LUPTON D. Risk and Sociocultural Theory: New Directions and Perspectives [M]. Cambridge: Cambridge UniversityPress, 1999.

[3] "欧洲诚信网络"成立于1997年，是一个多元化和跨学科的欧洲风险管理网络，其研究范围包括可导致危险和灾害的不同领域，如转基因食品、食品安全、洪水灾害等。

表 2-4 我国风险治理理论在不同时期的演变过程[1]

时期	显著特点	主要内容
计划经济时期	政府治理	强调政府是治理的主体，承担核心责任和功能，所以打造政府的主体地位，实现对项目的有效管理或管控
改革开放初期到市场经济体制改革时期	政府治理，辅以市场治理	政府仍是风险治理中心，不同的是参与主体数目增多
党的十八大以来	多元治理或协同治理会	该时期的风险治理主体包含政府、社会组织、社区单位、企业、个人等多元利益主体，它们共同参与、协同行动，但政府仍在治理功能发挥及责任承担方面起着关键作用

农村日间照料中心的服务对象是在经济、生理和心理方面较脆弱的农村老年人，照料服务过程中存在一系列较高的安全性风险；与此同时，农村日间照料中心的建立与发展，恰恰既非完全的社会自发行为，也非纯粹政府强制的过程，而是一个自发发育和政府推动相结合的过程，以共同预防、共同管理、共同承担风险损失。因此，风险治理理论适用于农村日间照料中心的运营管理研究。

根据风险治理理论的观点，政府在农村养老宏观决策、制度和利益风险设计与安排等方面的职能并没有转移，其在提供公共产品和消除外部效应等方面仍起主要作用。例如，政府在制定农村日间照料中心建设和发展的配套政策、协调各方力量、发放财政补贴等方面的职能并没有转移，仍然起主导作用；同时，需要建立多元化主体参与合作的新型治理关系，如运营农村日间照料中心的村民委员会或其农村老年协会、接受照料服务的老年人及保险公司等众多主体参与合作。

四、责权利三角定理

责，即职责，是指在合理分工基础上确定的职位，明确规定各个职位

---

[1] 章萍. 养老服务 PPP 模式：从理论逻辑到实践运作 [M]. 北京：中国政法大学出版社，2019.

所担负的任务,是维护组织正常秩序的一种约束力;权,即权力,是指职责范围内的支配力量,包括对物质的支配权、人员的管理权等,是一种配置人财物等资源的资格;利,即利益,是生存和发展的各种需要的总和,包括精神和物质两种利益。

图2-4 责权利三角定理

职责、权力和利益分别是等边三角形的三条边,在数量值上相等,如图2-4所示。在职责、权力和利益三者的关系中,由权力带来职责,有什么样的权力就要对应担负什么样的职责;反过来,职责又制约权力,职责范围和大小制约着权力的行使范围和大小;同时,利益又与权力、职责对等,利益大小决定责权大小,责权大小制约利益大小。责权利三角定理正是基于三者之间的上述关系而提出,相辅相成、相互制约、相互作用。

在实际运用中,该定理要求农村日间照料中心负责人的职责、权力和利益三个方面在数量设置上对等,负责人行使什么样的权力就需要承担什么样的职责,根据职责大小,给予其相对应的利益,以调动运营者的主动性、积极性。

第三章 我国农村日间照料中心的发展现状

农村养老问题已成为关系民生与社会稳定的重大问题。近年来，党和政府关于农村养老方面的政策文件已经明确了发展方向和要求。

2006年，《中国老龄事业发展"十一五"规划》要求："加大农村养老设施的资金投入，以农村五保供养服务机构建设为依托，加强农村乡镇敬老院、老年活动中心和综合性老年福利服务中心建设。"2011年，《中国老龄事业发展"十二五"规划》进一步要求："大力发展社区照料服务。把日间照料中心、托老所、星光老年之家、互助式社区养老服务中心等社区养老设施，纳入小区配套建设规划。本着就近、就便和实用的原则，开展全托、日托、临托等多种形式的老年社区照料服务。"其首次将日间照料中心纳入社区养老服务规划。2016年6月，《民政事业发展第十三个五年规划》要求："加强社区养老服务设施建设，在老年人日间照料中心、托老所、老年人活动中心、互助式养老服务中心等社区养老服务设施中配备医疗护理、康复辅具、文娱活动等设备。……大力支持农村互助型养老服务设施建设，发挥村民自治组织作用，积极动员村民和社会力量参与运营服务，为农村老年人就地提供就餐服务、生活照顾、日间休息、休闲娱乐等综合性日间照料服务。"2016年10月，《城乡社区服务体系建设规划（2016—2020年）》提出："依托城乡社区综合服务设施，加快城乡社区日间照料机构建设，发展生活照料、保健康复、精神慰藉等服务……完善对农村'三留守'人员的生产扶助、生活照料、情感慰藉、心理疏导服务。"

在上述系列政策的强力推动下，我国农村日间照料中心在全国范围内得到普遍性推广。民政部《2018年民政事业发展统计公报》和《2019年民政事业发展统计公报》数据显示：截至2018年年底，社区留宿和日间照料床位347.8万张；截至2019年年底，我国社区养老照料机构和设施有6.4

万个,社区互助型养老设施10.1万个。

但是,现阶段对农村日间照料中心全国性、专门性的统计尚没有开展。因此,本书将通过实地调研和查阅文献资料的方法对农村日间照料中心的实践案例进行分类梳理,并对整体发展情况进行总结,从而对我国农村日间照料中心的发展情况进行研究。

本书的实践案例来源于笔者对华东、华北、西北等地区的农村日间照料中心、幸福院、养老驿站等日间照料机构的田野调查❶,以及公开发表的学术论文及新闻报道等资料。

第一节 总体的实践发展情况

我国农村日间照料中心发展的总体概况表现为:地区间发展不平衡,经济条件好的地区优于经济落后的地区。

一、经济较发达地区农村日间照料中心的实践案例

经济较发达的农村日间照料中心,以泉州地区为典型代表。福建省南安市霞美镇金山村,毗邻泉州市鲤城区,是典型的空巢村。该村青年人多外出务工经商,村庄内留守老人与空巢老人较多,针对这种状况,村老年协会于2012年年初与本村企业主共同商讨兴办村老年食堂,以解决老年人的日间用餐问题,得到本村企业主、村民的支持。

金山村老年食堂由原村庙演戏剧院整修改建而成,经费和厨房等设备由本村爱心企业家捐赠,村老年协会负责日常运营。

1. 服务对象

根据老年协会规定,凡是年龄65周岁以上的本村村民,同意缴纳个人膳食费者,均可享受服务。

2. 服务内容

服务内容包括日间餐饮、日间生活照料、医疗保健、精神慰藉等。针

---

❶ 包括浙江杭州、福建泉州、山东潍坊、北京顺义、河北邯郸、山西运城、内蒙古乌兰察布、甘肃张掖、河南信阳等地。

对因病不能到食堂就餐的老人,还可以为其提供送餐上门服务。食堂向全体就餐老人提供一日三餐,周末时间也照常开放,合计全年停伙时间为10天。❶

3. 经费来源

运营费用约为25万元/年,其中90%经费来自本村爱心企业家捐款,剩余10%来自其他收入。具体收费标准为:60~74周岁老年人每月缴纳90元,75周岁以上老年人费用全免。

4. 运营管理

金山村老年协会专门成立食堂工作组,由十余名老年协会成员组成,具体负责老年食堂的运营。食材采购员等由老年协会成员兼任,另有两名老年协会成员兼任会计和出纳,并负责监督收支情况与伙食质量。

老年食堂配有两名厨师,由本村留守妇女轮流担任。

二、城乡接合部农村日间照料中心的实践案例

政安里社区隶属于天津市津南区北闸口镇,下辖6个小区,占地面积2.89万平方米,全区内8个乡镇、40个自然村均建成了日间照料服务站。政安里社区地处北闸口镇镇区中心,社区内大部分居民为拆迁整合后的回迁村民。

1. 服务对象

服务对象包括政安里社区居委会辖区内60周岁及以上自理及半自理、无精神疾病和其他传染性疾病的老年人,其中服务重点是高龄、空巢、残疾、低保或低收入的老年人。凡符合条件的社区老年人均可以采用办卡的方式享受社区照料站的服务。至2019年年初,政安里社区日间照料服务站的大部分老年人为"村改居"后的回迁农民。

2. 服务内容

(1) 日托照料

白天为高龄或失能半失能老年人提供日常生活照料。例如,每周一至

---

❶ 甘满堂,王瑶. 福建乡村老年协会承办社区居家养老服务的模式[J]. 福州大学学报(哲学社会科学版),2019(5):82-89.

周五中午（节假日除外）为日间照料服务站的老年人提供用餐，也可为出行不便的老年人送餐上门。

（2）文娱服务

为接收日间照料服务的老年人提供歌唱、舞蹈、棋牌、书法、绘画、健身、聊天等休闲娱乐的场所和设施。

（3）康养服务

主要为社区内年满60周岁的老年人提供健康检查、咨询、保健等服务。日间照料服务站的执业医生为站内老年人定期免费体检，如测量血压和血糖等；邀请医疗卫生领域专家定期为站内老年人提供健康咨询、养生讲座等服务；与高校合作，邀请专业心理咨询师为站内老年人提供心理咨询、情绪疏导等专业服务。

（4）家政服务

为站内有需求的老年人提供代购、上门理发、家庭清洁等家政服务。其中，孤寡、空巢、失独、低保等老年人享受免费上门打扫服务。

（5）法律援助服务

与社区法律咨询顾问合作，为站内老年人提供法律咨询、矛盾调节等服务。

3. 经费来源

运营经费主要依靠政府的资金扶持，资金扶持的具体形式包括运营中补助、一次性补贴和运营初期扶持等多种类型。此外，还根据社区养老场所的建筑面积给予不同标准的财政补贴，见表3-1。

表3-1 不同建筑面积社区养老场所的补助金额

面积/m²	补助金额/万元	面积/m²	补助金额/万元
100~249	10	350~449	20
250~349	15	≥450	25

资料来源：《津南区社区服务群众专项经费使用管理暂行办法》（南党〔2015〕组字第43号）。

上述补助具体由市、区、街道三级政府分别按照30%、30%、40%的比例进行补贴，镇政府给予第三方机构税费优惠，社区负责提供配套的场地和设施。另外，区人民政府还以区域内各个社区社会养老中心的实际发展状况为基础实施一次性发放建设性补助，即在项目建设初期依据事实方案的具体要求，一次性给予10万~20万元的财政资金补贴。

另外，社区日间照料服务站的服务性收费分为三个等级：能自理老年人1200元/月，不能自理老年人1500元/月，临时参与的老年人则以日为单位进行收费。其中，残疾、重病等困难老人可根据困难类型享受相应补贴。

4. 运营管理

"政府扶持，多方参与"是当地发展社区日间照料服务站的基本理念，即政府机构对社区日间照料服务站的建设与运行给予资金扶持；吸引社会力量和第三方机构参与运营；积极探索"服务储蓄"方式，鼓励低龄或具备生活自理能力的老年人，为高龄或不具备生活自理能力的老年人提供基本的日间照料服务。

社区日间照料站的管理人员由社区干部兼任，由当地日间照料服务有限公司实际运营，配备持有医师资格证的医生和持有社工证的专业社工，分别为站内的老年人提供定期身体健康检测和入户探访、心理疏导、康娱活动等服务。

三、经济欠发达地区农村日间照料中心的实践案例

李村位于山西省运城市北相镇，该村外出务工人员众多，经济状况较为落后。

1. 服务对象

服务对象包括本村60周岁以上的低保、五保户、残疾等特殊困难老年人。

2. 服务内容

服务内容仅限日间餐饮服务。

3. 经费来源

10万元建设启动资金和2万元/年的运营经费。上述经费由中央、省、市、区各级财政共同承担。

4. 运营管理

村委会具体负责本村日间照料中心的实际运营。在具体运营过程中，村委会工作人员负责采购，由村日间照料中心的老年人设置复称台，对食材等采购情况进行监督。村委会规定了具体的捐赠办法：村委会干部按一定周期轮流向村日间照料中心捐肉，并在村日间照料中心门口树立公德碑，凡向村日间照料中心捐款捐物者均将其姓名刻于功德碑上，以鼓励社会爱心人士捐款捐物。

第二节 标本取样调研——山西农村日间照料中心的基本情况

一方面，从山西省的人口结构来看，老龄化和城镇化程度双高。根据第七次全国人口普查的结果，山西省60周岁以上人口为660.7万人，比重达到全省常住人口的18.92%，高于全国18.70%的平均水平。与此同时，山西的城乡人口比例倒置严重。第七次全国人口普查的结果显示，山西省常住人口中，居住在城镇的人口为21 831 494人，占全省常住人口的62.53%（2020年全省户籍人口城镇化率为42.90%）；居住在农村的人口为13 084 122人，占全省常住人口的37.47%。与2010年第六次全国人口普查相比，乡村人口减少了5 467 445人。❶

另一方面，山西的农村日间照料中心的兴起时间、发展速度和现建成数量❷均居全国前列，能够找到运营良好、一般及困难不同的典型标本进行剖析。

因此，本书选择山西地区为研究标本，对农村日间照料中心的政策演进、运营现状、问题及原因等方面进行具体研究，以分析我国农村日间照料中心的发展现状。

---

❶ 山西省统计局. 山西省第七次全国人口普查公报［1］（第六号）［EB/OL］. (2021-05-26). http://tjj.shanxi.gov.cn/tjsj/tjgb/202105/t20210526_113659.shtml.

❷ 从2012年开始，山西省政府及民政部门开始推动农村日间照料中心的发展，至2018年已建成5290个农村日间照料中心。

一、政策演进情况

农村日间照料中心的建设与运营是山西省为服务农村留守老人、空巢老人和高龄老人的生活照料和精神照料而大力推动的一项民生工程，是政府部门和社会公众共同关注的一项社会福利事业。

2012年7月，山西省人民政府办公厅在《关于加快推进全省社会养老服务体系建设的意见》中明确提出："到'十二五'期末，老年人日间照料服务基本覆盖城市社区和半数以上的农村社区。"2012年8月，根据山西省民政厅《关于在全省开展农村日间照料养老服务工作试点的通知》要求，山西农村日间照料中心的试点工作开始实施。2013年1月，山西省民政厅等在《关于做好全省农村老年人日间照料中心建设工作的通知》中具体提出了"2013年到2015年，全省每年新建1000个农村老年人日间照料中心，努力完成3000个建设任务，使全省农村大约10万名空巢、高龄老人受益"的建设任务。2014年，山西省政府在《关于加快发展养老服务业的意见》中提出了"到2020年，农村60%以上社区完成日间照料幸福工程"，成为"十三五"期间必须完成的硬性任务。2017年，山西省民政厅联合山西省卫生计生委开展了村卫生室和农村老年人日间照料中心融合发展的试点工作，新建了600个农村老年人日间照料中心；同时山西省民政厅制定了《2017年新建600个农村老年人日间照料中心行动方案》，从总体要求、坚持原则、推荐措施、实施保障四个方面进行政策支持。2018年年初，山西省民政厅制定了《2018年新建600个农村老年人日间照料中心行动方案》，明确了2018年再建600个农村老年人日间照料中心，并特别提出向10个深度贫困县倾斜。2019年4月，山西省民政厅、发改委、财政厅、卫生健康委员会联合印发《推进农村养老服务行动计划（2019—2021）的通知》，将制定农村日间照料中心等养老服务标准作为实施农村养老服务标准化工程的重点任务，并提出推动各地放开并支持符合要求的社会力量参与农村日间照料中心，以推进实施公建民营的政策举措。2020年4月，山西省人民政府办公厅在《关于推进养老服务发展的实施意见》中提出要实施农村老年人日间照料中心示范工程，将农村老年人日间照料中心纳入新农村建设规划，多渠道探索农村老年人日间照料中心长效运行的体制和机制。2020年12月，山西省民政厅、山西省市场监督管理局制定了《山西省养老服务标准体系》，规范了社区老年人日间照料中心的服务保障标准。

通过对上述政策的内容进行梳理，可以将山西农村日间照料中心相关政策的发展分为四个阶段（图3-1）。

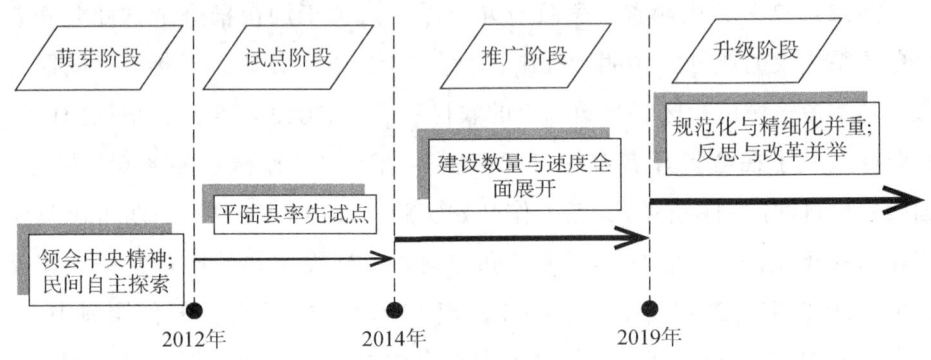

图3-1　山西农村日间照料中心相关政策的发展演变

1. 萌芽阶段：2012年以前

2010年，国家级贫困县平陆县本着"先行先试，完善提高，全面推广"的原则，在张村镇西吴村、三门镇过村、部官乡阳朝村、西祁村及圣人涧镇寺坪村5个农村社区开办"老年灶"。在民间自主探索"老年灶"实践的同时，山西省政府层面也开始酝酿农村日间照料中心政策，该时期处于领会中央精神的萌芽时期。

2. 试点阶段：2012—2014年

2012年，根据山西省民政厅《关于在全省开展农村日间照料养老服务工作试点的通知》要求，在运城平陆县"老年灶"的实践基础上，山西农村日间照料中心的试点工作在平陆县率先开始实施。

3. 推广阶段：2014—2018年

该阶段连续出台农村老年人日间照料中心建设的相关政策，将建成数量和财政补贴数量作为主要的政策内容。从2014年开始，农村日间照料中心的相关政策中建成数量均明确定有硬性指标，全省以每年1000个的建设速度推进,到 2016 年年底已建成农村日间照料中心 4000 多个。[1] 截至 2017 年年底,山西已建成 5027 个农村老年人日间照料中心,占全省千人以上村的 64%。

4. 升级阶段:2019 年至今

2017 年 6 月,《关于进一步规范农村老年人日间照料中心的通知》将补贴具体规定为:"每个日间照料中心的运行费用依照分类实行差别补贴,补贴费用由县级财政承担。原则上不提供用餐的,每年补贴不低于 1 万元;提供用餐的,每年补贴不低于 3 万元,补贴标准由各地根据照料中心规模、服务人数等制定。"至此,山西省已经开始探索差异化、精细化的管理办法。到 2019 年,农村日间照料中心的相关政策开始对建设和运营的具体标准和管理办法进行规范,如 2020 年的《关于推进养老服务发展的实施意见》鼓励并支持社会组织、农民协会、养老服务机构等参与农村老年人日间照料中心运行管理;《山西省养老服务标准体系》制定的《山西省养老服务标准明细表》中明确了采用《社区老年人日间照料中心的设施设备标准》(GB/T 33169-2016) 和《社区老年人日间照料中心建设标准》(建标 143-2010)。

山西农村日间照料中心相关政策的发展历程,是我国农村日间照料中心相关政策发展的缩影。从各地领会中央精神到民间自主探索,再由试点、个别经验到全面推广,发展到现阶段,各地政策已经先后进入规范化与精细化并重、反思与改革并举的升级调整阶段。

二、基本运营发展情况

1. 运行体制

山西省实行政府引导、属地管理、主管监督、村级主办的运行体制,通过上层监督、中层传达、基层执行,多层级协同进行常态化管理。

政府引导是指山西省人民政府牵头制定农村日间照料中心的发展任务和目标。例如,山西省人民政府于 2017 年、2018 年、2019 年连续三年将农村日间照料中心的建设确定为民生实事之一,体现出政府引导农村日间照

---

[1] 李文清. 山西农村老年人日间照料中心可持续发展问题研究 [J]. 山西高等学校社会科学学报, 2017, 29 (7): 25-29.

料中心发展的主导地位。

属地管理是指各区、乡镇人民政府负责对本辖区内农村日间照料中心的直接管理。例如，稷山县人民政府已出台并执行相应具体的地方管理办法和管理标准。

主管监督是指各级民政部门作为业务主管部门，主要负责对农村日间照料中心的监督、考核及业务指导工作。消防、安监、食药等部门负责消防设施、用电用气、食品安全等方面的监管。

村级主办是指村委会或村老年协会负责农村日间照料中心的实际运营工作，每个村都有一名现任或原任村委会成员，抑或是村老年协会成员具体负责照料中心的日常管理，并由村委会或老年协会提供必要的场地、人员和经费等支持。

上述运行体制在晋南地区 LY 县得到实施，受访人提到："2017 年我市政府工作报告中提出'民政牵头、属地运营'，明确区分了主体管理责任。当地政府要负主要管理责任，民政负业务指导和监管责任"；"村委会要负主体责任，乡镇人民政府负主要责任，民政、财政、食药、消防、公安负相关责任"；"JS 县和 RC 县都有自己的管理办法，老龄委考核、拨款，民政验收，村老年协会实际管理"。

2. 内部管理

(1) 服务对象

按照山西省的统一要求，农村日间照料中心的准入年龄为 70 周岁以上，但各地对老年人的年龄及其他（如家庭状况、经济状况等）要求并不一致。

晋南地区 LY 县 PS 村日间照料中心负责人向笔者介绍该村情况时说："文件上要求 70（周）岁以上，我们村 70（周）岁以上有 130 来人，70（周）岁的（老年人）来了收 150（元/月），65（周）岁以上（老年人）收 200（元/月），60（周）岁以上（老年人）收 240（元/月）。"这一点在晋中地区 XNZ 村也得到了印证，该村日间照料中心负责人提到："每个村情况不一样，我们村是 70（周）岁以上就能来。别的村有 60（周）岁以上的（老年人）、65（周）岁以上的（老年人），也有 70（周）岁以上的（老年人）。"

另外，农村日间照料中心对老年人的自理程度也有相应要求。鉴于服务能力及风险责任的考虑，农村日间照料中心通常仅接受生活自理的老年人。例如，晋南地区的照料中心准入制度规定：意识行动清楚、没有传染病、能独立行走不需要人照顾、能独立料理自己的生活。

（2）服务内容

山西农村日间照料中心的服务内容主要集中在用餐服务和精神慰藉两个方面。一方面，按照建设初衷，农村日间照料中心是为解决留守、空巢和高龄老年人的"吃饭"问题而建立的，因此用餐服务是目前农村日间照料中心的最基本与核心的服务内容。在笔者访谈期间，雷家坡村党委副书记姚永计提及该村日间照料中心的缘起时，解释了"吃饭"服务的必要性："头年❶（2011年）11月，村里专门针对取暖问题——就是烟筒安全的问题挨家走访，排除隐患。在这个过程中发现了老年人一个人在家吃饭有实际困难：中午吃早上剩下的，晚上吃白天剩下的……正好上面（政府）说搞这个日间照料中心可以解决老年人独自吃饭的问题。"

另一方面，由于农村日间照料中心的老年人年龄偏大（一般为70周岁以上）、活动能力和范围有限、长期无家人陪伴，农村日间照料中心还对接受服务的老年人提供精神方面的照料服务，该服务也是目前服务的重要内容之一。具体表现形式为棋牌和聊天活动等。正如晋南地区LY县PS村日间照料中心负责人表述的，"一天有两顿饭，中午午休，（有）棋牌活动，谝❷。吃饭顿数有两顿也有三顿，但棋牌和谝（各村日间照料中心）都差不多"。

（3）工作人员配置

根据农村日间照料中心的服务内容和规模，工作人员有负责人、厨师和普通工作人员等。负责人通常是村委会的现任或原任成员，抑或村老年协会成员，他们一般提供无偿或低偿的服务；厨师1~2名，月平均工资1500元/人；普通工作人员1~2名，月平均工资150元/人，负责卫生清洁、维护、看门等工作。

访谈中，晋南地区GY村、PS村、ZX村和晋北地区XJC村等日间照料

---

❶ 晋南方言，"头年"意为"前一年"。
❷ 晋南方言，"谝"意为"聊天"。

中心负责人均反映："大师傅❶一个月（工资）给1500块。"个别地方人员配置及工资稍有缩减。例如晋南XCB村："（这里）老人不多，老年人每个月收140（元）伙食费，大师傅（工资）每月900（元）"；晋南GY村："大师傅就一个（人），一个月（工资）1500（元），打饭、洗碗、打扫卫生大师傅都干，自己蒸馍，又便宜又实惠。大师傅人好，有奉献精神。"

第三节 标本剖析——山西农村日间照料中心可持续发展的困境及原因

一、运营困境

1. 实地调研中发现的问题

笔者依据山西省农村日间照料中心的推进情况，按照运营"良好""一般""困难"的标准，分别选取晋北、晋中、晋南三个地区12个市/县的11个村的日间照料中心进行实地走访。围绕老年人数、运营成本与收入、工作人员状况、制度规章办法、服务内容等方面对当地民政干部（22人）、中心负责人（11人）和老年人（9人）、村民（9人）及其他人员（10人）进行深入访谈。

通过对实地调研的情况进行总结发现，山西农村日间照料中心的总体发展情况如下：示范典型表现突出，但数量有限，数量和速度与整体质量的发展不成比例，地区间发展不平衡。具体表现为：晋南地区优于晋北地区；经济条件好的地区优于经济落后的地区；领导干部重视的地区优于领导干部不作为的地区。

（1）设施单一，资源闲置

一方面，从笔者的实地调研结果看，山西省内已建成的农村日间照料中心的各项硬件设施基本完备，面积一般均能够控制在150~500平方米❷，

---

❶ 指村日间照料中心的厨师。
❷ 参考：山西省民政厅、山西省发展改革委、山西省财政厅：《关于做好全省老年人日间照料中心建设工作的通知》，2013年10月14日。

但由于服务功能的局限,一般仅具备开灶、日间休憩和棋牌活动的简单设施;另一方面,部分已建成的农村日间照料中心,有效使用率不高,硬件资源闲置情况严重。

以晋北地区 YG 县 SHT 村为典型。照料中心在 2015 年建成,当地县民政局不仅每年补贴 2 万元运营费,还额外支付其水电暖费用 5500 元/年。从笔者在调研中看到的院内丛生的杂草,积满灰尘的床铺、桌椅板凳、书架,仍未开封的无声麻将桌和尚未悬挂的管理制度牌,以及已经废弃的厕所等,可以得知该村日间照料中心一直处于闲置状态。

(2) 照料服务水平不高、非专业化

笔者在实地调研中发现,目前山西农村日间照料中心的工作人员全部为非专业人士。农村日间照料中心的管理者由村委会干部或村老年协会成员兼任;厨师、保洁等工作人员大部分无专业资质,其中又以村庄内留守妇女居多。管理、卫生、营养、安全等方面的专业知识相对匮乏,导致照料服务水平亟待提升。

(3) 运营经费短缺,且资金管理混乱

在农村日间照料中心的运营资金方面,突出表现为两大问题:一是运营经费严重不足,二是实际运营方——村委会或村老年协会对补贴款的使用存在违规现象。

第一,运营经费不足的具体情况。以晋北地区 YG 县 MJZ 村的日间照料中心为例,其每年运行成本费用大约是 6 万~8 万元。而目前该村日间照料中心主要依靠县级财政每年 2 万元的运营补助维持,加上老年人缴纳的伙食费、社会捐助及村集体的资助,缺口仍然在 1 万~3 万元,远不能满足日间照料中心的日常运行需要,导致运营困难。

同属 YG 县的 XJC 村也出现上述运营经费短缺的情况,经该村支部书记测算:"(村日间照料中心每年)水费 1000(元),电费也得 1000(元),煤多,冬天烧煤取暖 5000(元)才能下来,(天气)凉得早;人员工资每月 1500(元/人),饭菜采购成本核算下来 4 元/(人·天)……一年花销算下来超过 5 万(元),得有 5 万 5(千元)。咱们的日间照料中心收费是按 2 元/(人·天)来收……每年补贴 4 万才能维持下来。"

第二，乱用政府补贴款的具体情况。例如晋北地区 DT 县 DP 村，2017年 7 月建成村日间照料中心，至 2018 年 6 月仍未投入使用，用于村日间照料中心建设的 10 万元资金与该村移民搬迁扶贫款合并使用，新建村委会办公用房与村日间照料中心用房合并使用，严重违反"专款专用"的资金使用规定，同时严重影响村日间照料中心的正常运营。

又如晋北地区 DT 县 YEJ 村将县财政划拨给村日间照料中心的 1 万元运营补助全部用于全体村民"聚餐"。"（全村）一起吃几顿……（村里）70 岁的老人来吃，69 岁的老人来了不让吃？69（岁）的（老人）吃，60（岁）的老人让不让吃？老人带着家里娃娃来了，不让吃？把娃娃撵回去？不如全村一起吃上几次，把钱花完，谁也没意见。"该村干部如是说。

而该村日间照料中心平时并不提供用餐服务，只是一个活动中心。按照现行管理程序，县财政每年将补贴款下拨到各村委会，由村委会自行安排使用。

在笔者访谈期间，DT 县民政局副局长表示："钱发下来就属于人家村里自己支配，附近其他村也一样。"

在个别日间照料中心存在监管不到位的前提下，村委会或村老年协会是否做到了专款专用，把补贴款按照政策规定全部用在村日间照料中心老年人的吃饭和其他日间照料服务上，完全取决于村干部或村日间照料中心负责人的自觉性。因此，需要建立相关制度进行约束。

（4）村干部积极性不高

在对晋北地区 YG 县 SHT 村日间照料中心的调研中，笔者问道："咱们村一共有多少人，达到 60 周岁的老年人大概有多少？"该村村主任兼村日间照料中心负责人这样回应："这个……不太清楚，我也给你说不清……这得给你问一下妇女主任，他们那有统计。"

在对晋北地区 DT 县 YEJ 村日间照料中心进行调研的过程中，当笔者了解村里老年人为什么不愿意来村日间照料中心的原因时，其负责人表示："村里老人就是不愿意来，不用做（思想）工作，在家还得干农活儿、带娃娃，过不来。自己家连烧炕带做饭一天就（过）下来了。村子里没必要开灶。农闲下，过来活动活动，一样。没必要开灶。"

造成村干部不积极、不作为的原因，可以用晋中地区YCI市ML村村委会主任的话来进行解释："不好办，办起来了钱不够，只要让村集体出钱，村子里肯定就有人跳出来有意见。不惹那麻烦。你给人家（老年人）磕了碰了，咋和人家（老年人的）儿女们交代？都是麻烦。"

（5）政策体系缺失，监管力度不足

山西省农村日间照料中心的配套政策经历了从领会中央精神的萌芽阶段到推动平陆模式发展的试点阶段，再到数量和速度高速发展的全面建设阶段，标准化、精细化和差异化的政策升级阶段刚刚进入起步时期，政策体系尚不健全。

在国家和省一级相关政策空白的前提下，一些地区也没有区域性指导意见出台。主管、监管和具体负责部门、具体运营模式和管理办法、责任方及责任追究办法等相关规定均是空白；运营的行业标准，如资金账户审查、安全设施配备、厨师资质、食品卫生监察等也没有统一标准。

"民政隔一段时间抽查一下"❶的非制度化监管不足以保障农村日间照料中心的常态化管理。

（6）个别村子村民认同度不高

在个别村子，尤其是经济贫困的地区，老年人对日间照料中心提供的照料服务还不能完全接受。目前接受中心照料的主要对象集中为村孤寡、五保户等。

晋北地区YG县MJZ村日间照料中心老年人认为村老年人认同度不高的原因是："怕给娃娃们❷添麻烦，村子里说三道四的（人）都有。我（是）孤寡（老人），没（思想）负担。"该村村民（67岁女性）也表示："孤寡五保的（老年人）才去（村日间照料中心），我家里三个姑娘一个小子❸……（不会去村日间照料中心）。"

可见，"养儿防老""家庭养老"思想仍是农村地区普遍认同的养老观念，这一思想观念严重束缚了其他的养老形式。

---

❶ 详见附录3。
❷ "娃娃们"指儿女们。
❸ 晋北方言，"姑娘"意为"女儿"，"小子"意为"儿子"。

同时，笔者也从实地调研中发现："逆反哺"现象，即农村老年人在经济和生活方面对子女的支持现象较为普遍。

晋北地区 YG 县 XJC 村村民："（在家）看个 2 岁的孙子。在家忙活的……"SHT 村村民表示："能动的（老年人），都在家干活儿了，下地❶、做饭、看娃，过不来。"

农村日间照料中心的建立初衷是解决一部分空巢和留守老年人的吃饭和其他日间照料问题，但是这部分老年人在子女外出打工的情况下，出于对子女的爱护和维护家庭等观念的影响，不仅不能享受日间照料服务，还需要帮助子女承担各种家务劳动甚至农活，造成了有活动能力的老年人对日间照料中心的主观性需求不大，而丧失活动能力的失能失智农村老年人又不符合准入条件，最后造成农村日间照料中心的老年人人数不多，制约了农村日间照料中心的发展规模。

2. 问卷调查中发现的问题❷

本次问卷调查通过采用随机抽样的方法共回收有效问卷 408 份，其中，被调查的农村老年人共计 346 人（包括 105 名正在接受农村日间照料中心服务的老年人和 241 名适龄村民❸）、日间照料中心工作人员共计 34 人（包括 11 名日间照料中心运营负责人和 23 名日间照料中心普通工作人员、28 名当地村干部）。上述被调查者分别占有效调查问卷总数的 84.81%、8.33% 和 6.86%。

(1) 传统观念制约主观需求

在 346 名被调查的农村老年人中，男性 177 人，占被调查农村老年人数的 51.16%；女性 169 人，占被调查农村老年人数的 48.84%。其中，105 名正在接受农村日间照料中心服务的老年人中，男性 60 人，占被调查农村老年人数的 17.34%，女性 45 人，占被调查农村老年人数的 13.00%。

大多数老年人为中小学文化水平，文化程度整体偏低。其中，初中及

---

❶ "下地"意为"种地务农"。

❷ 问卷数据统计是把老年人和民政干部分开的。(1)(2)(3) 部分问卷结果侧重分析老年人，所以这部分计算比例以 346 名老年人为基础；(4) 是以 62 名民政干部等工作人员为基础计算比例。

❸ "适龄村民"指 60 周岁以上，符合农村日间照料中心入驻年龄条件的老年人，但尚未接受日间照料中心服务的村民。

以下学历249人，占被调查农村老年人人数的71.97%；高中学历77人，占被调查农村老年人人数的22.25%；大专学历15人，占被调查农村老年人人数的4.34%；本科及以上学历5人，占被调查农村老年人人数的1.44%，如图3-2所示。

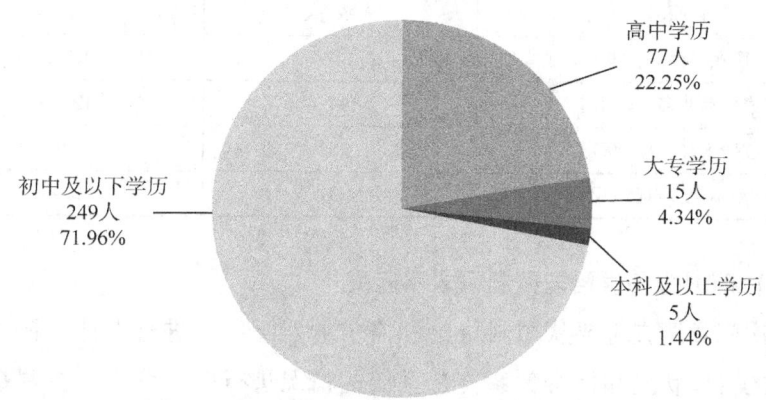

图3-2　被调查的老年人的文化程度分布统计

文化程度水平在某种程度上反映了传统文化对养老观念的影响程度，文化水平越低受传统养老观念的影响可能越深。传统养老观念会导致对农村日间照料中心主观需求上的不足，而日间照顾老年人数量不足又会导致运营的非正常。因此，农村老年人文化程度整体偏低在一定程度上成为制约农村日间照料中心发展的重要因素之一。

在"您不愿意去农村日间照料中心的原因有哪些"的问卷调查题目中，选择"儿女照顾得很好，没必要去"的有162人，占被调查老年人总数的46.82%。结合笔者和调查员在问卷调查填写过程中的具体情况，值得注意的是："儿女照顾得很好"并不是上述46.82%的老年人选择该选项的关键，或者说"儿女是否照顾与照顾得好坏"在农村老年人的传统观念里是不能在外透漏给"陌生人"❶的家事，而"没必要去"才是他们选择该选项的真正着眼点。整个选项是"养儿防老"家庭固化观念的外在表现。因此，接近半数的被调查老年人选择了该选项。另外，"家务活儿多，顾不上"反映

---

❶ 特指访谈员和调查员。

"逆反哺"现象的选项也成为农村老年人不接受照料中心服务的重要因素之一(表3-2)。

表 3-2 不愿意接受日间照料中心服务的原因统计

原因	人数/人	占比/%
儿女照顾得很好,没必要去	162	46.82
家务活儿多,顾不上	44	12.72
收费太高,接受不了	28	8.09
行动不便,自己去不了	43	12.43

(2) 照料服务供给与照料需求不匹配

本次问卷调查主要从照料供给和需求的匹配度上进行设计,希望通过老年人的身体状况和社会关系支持系统的情况进行匹配分析。在调查问卷中,社会关系支持系统分别使用5道题目从婚姻状况、儿女与配偶的照顾情况、与邻里、朋友等的关系情况几个维度进行了调查。

对上述统计结果进行分析可发现:正在接受农村日间照料中心服务的老年人中,高达90.48%的老年人认为自己身体非常健康或可以自理,仅有9.52%的老年人认为不能自理或需要他人协助。这一调查结果反映出目前农村日间照料中心服务对象的局限性,即仅为生活能够自理的农村老年人(图3-3)。

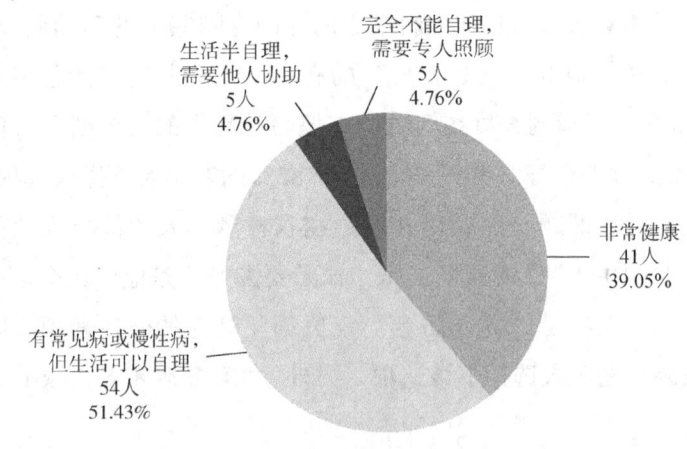

图 3-3 日间照料中心老年人身体状况统计

同时，问卷调查结果显示，被调查农村老年人的社会关系支持系统是不完善的。第一，丧偶成为无配偶照顾的主要影响因素；第二，客观上子女不在身边，主观上不愿麻烦子女成为无子女照顾的主要影响因素；第三，亲戚朋友缺乏日常联系成为无亲戚朋友照顾的主要影响因素；第四，事实上的"空巢"成为独居的主要因素。由图3-4可以看出，被调查农村老年人的婚姻状况、子女照顾和居住状况等家庭支持和亲戚朋友等社会联系缺失相对严重。

因此，可以得出结论，目前山西农村日间照料中心在弥补空巢、留守老人自身社会功能缺失方面发挥了重要作用。但不能否认的是，正在接受农村日间照料中心服务的老年人主要集中于生活自理老年人群体，生活半自理或不能自理老年人群尚未被农村日间照料中心的服务覆盖，照料服务的需求和照料服务的供给没有形成合理匹配。

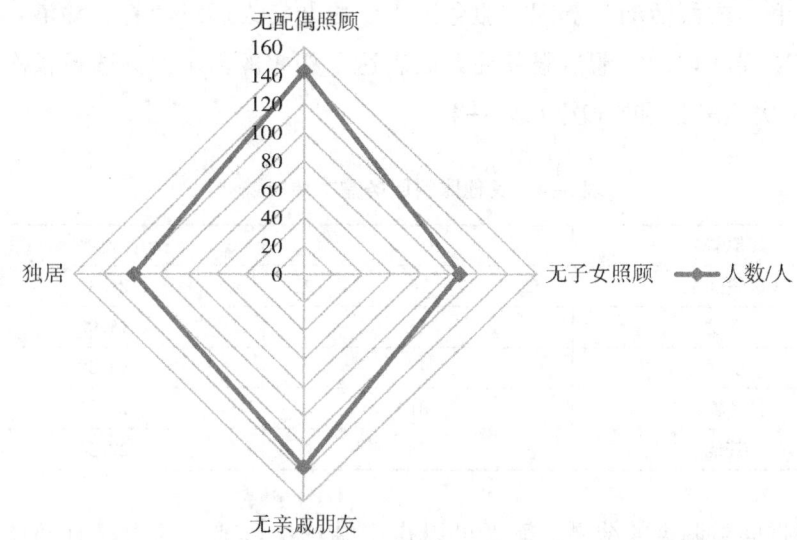

图3-4 日间照料中心老年人社会关系支持系统统计分析

（3）照料服务内容局限

本次问卷调查主要围绕用餐、文娱、康健等方面展开调查和分析。

对346名被调查农村老年人的问卷调查结果显示，餐饮服务和文娱活动是农村日间照料中心的主要服务内容，同时餐饮服务和文娱活动中的"聊天解闷"已经成为老年人最为满意的两项服务内容,满意度均为24.28%,并列第一位。但是,笔者也从本次问卷调查中发现仍有127名农村老年人反映了农村日间照料中心只是"活动场所",不提供餐饮服务,占被调查农村老年人数的36.71%(表3-3)。

表3-3 提供用餐服务的情况统计

用餐情况	人次	占比/%
不吃饭,只活动	127	36.71
一顿饭	41	11.85
两顿饭	68	19.65
三顿饭	110	31.79

通过对排列在前三位的需求频次进行统计与分析后发现,除了"餐饮服务"和"文娱活动"等现有服务外,农村老年人还对"打针输液""送餐到家"和"理发"清洁服务等方面表达了相应的需求,其选择频次分别达到81次、74次和55次(表3-4)。

表3-4 其他照料服务需求情况统计

其他需求	人次	占比/%
送餐到家	74	21.39
理发	55	15.90
洗澡	47	13.58
打针输液	81	23.41
其他	78	22.54

根据问卷调查的结果,笔者可以得出结论:目前山西农村日间照料中心的服务内容主要集中在"用餐"和"活动"两个方面,但农村老年人对康养保健、个性服务等方面不同程度的需求凸显了服务内容的局限性,由此制约了农村日间照料中心的进一步发展。

(4) 运营经费周转困难

在对62名村干部、农村日间照料中心负责人及其工作人员的问卷调查"造成您这里的农村日间照料中心运营困难的主要因素有哪些?"的题目中,经费短缺的选择频次达到30次，远高于"政策不到位""各主体间职责权限不明确""管理人员能力不足"等选项，成为造成农村日间照料中心运营困难的首选因素（表3-5）。

表3-5 运营困难因素统计

困难因素	人次	占比/%
经费短缺	30	48.39
政策不到位	13	20.97
各主体间职责权限不明确	17	27.42
管理人员能力不足	10	16.13
其他	24	38.71

而农村日间照料中心运营经费周转困难主要受两个方面因素影响。

第一，运营收入来源少。本次问卷调查的结果显示，目前山西农村日间照料中心的经济来源主要有县财政补贴、村集体经济补贴、个人缴费和社会捐赠等。在被调查的62名村干部和农村日间照料负责人及其工作人员中，选择"县财政补贴金额1000元/月及以下"的有11人，选择"1001~2000元/月"的有12人，选择"2001元/月以上"的有6人；选择"村集体经济补贴1000元/月及以下"的有10人。而在"社会捐赠"中，选择"500元以下"的高达24人，其中填写"无社会捐赠"的又有9人，占"500元以下"总数的37.50%。综合分析各类运营经费补贴，一家农村日间照料中心每月的收入主要集中在县财政补贴和村集体经济补贴两项上，金额为2000~4000元/月。由此可以得出结论，农村日间照料中心运营收入来源渠道少，且收入金额水平较低。

本次问卷调查数据显示：农村老年人的收入来源主要来自退休金或养老金，为217人（图3-5），占本次被调查农村老年人总数的62.72%。

该调查结果与我国农村养老制度的现实相吻合。目前，山西省的社会养老制度已经得到普及，山西广大农村地区已经实现了养老保险的全覆盖，因此养老金已经成为农村老年人的主要经济来源。但这一经济收入来源结构造成的一个重要结果是收入水平不高。该结果也可以通过本次问卷调查的数据得到证实,正在接受农村日间照料服务和尚未接受农村日间照料服务的两类老年人中,月收入200~800元的均位列第一,共222人(图3-6),占被调查农村老年人总数的64.16%。

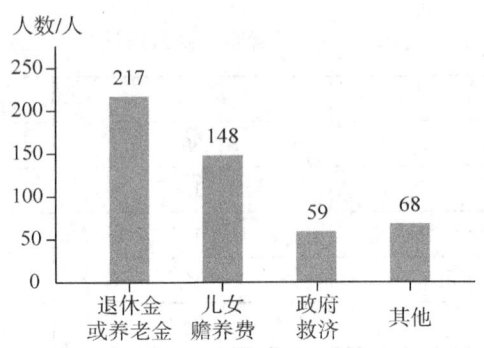

图3-5 农村老年人主要收入来源统计

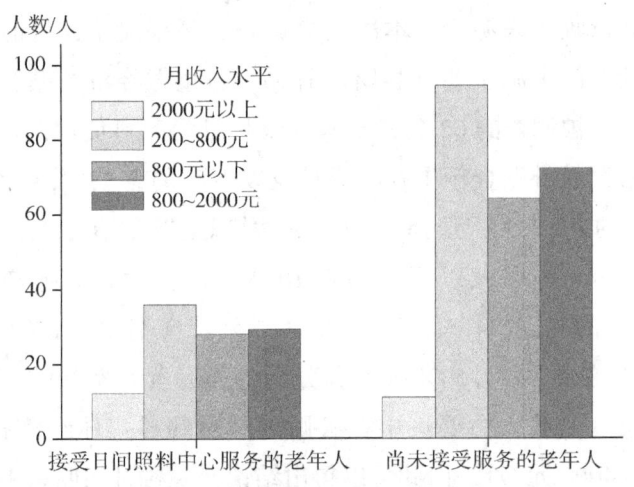

图3-6 农村老年人月收入水平统计

另外,一些低龄老年人仍在从事务农和其他活动(如捡废品等),这些收入是其经济收入的一个重要补充。这一调查结果反映出现阶段农村日间照料中心服务对象或潜在服务对象的支付能力有限,是农村日间照料中心收费定价低廉的一个重要原因。农村老年人自身的支付能力制约着日间照料的收费水平,从而也制约了农村日间照料中心运营经费的收入水平。

第二,运营支出相对较多。问卷调查结果显示,目前山西农村日间照料中心的主要支出有"饭菜原料费""工作人员工资""水电取暖费"等。通过对问卷调查结果进行分类分析，工作人员工资的支出项目和金额列在所有支出的首位。其中，工作人员工资主要包含"厨师工资"和"管理人员及其他人员工资"两个方面。在被调查的 62 名村干部和农村日间照料中心负责人及工作人员中，选择"饭菜原料费 2000 元/月以下""2001~4000 元/月""4001 元/月以上"的人数分别为 11 人、9 人和 6 人；选择"水电费 500 元/月以下""水电费 501 元/月以上"的人数分别为 25 人和 5 人。可见，"工作人员支出"为最主要支出。

由上述运营支出的问卷调查结果与运营收入来源与金额的调查数据结果对比发现，目前农村日间照料中心普遍存在支出大于收入，即运营经费运转困难的问题。

二、原因分析

1. 政策体系不健全

完善的政策体系是农村日间照料中心可持续发展的前提和基础，规范的运营行为又有赖于健全的政策体系。政府及其相关职能部门通过制定配套政策对农村日间照料中心的规范化、标准化运营有重要作用。

(1) 国家层面政策

2010 年，民政部颁布《社区老年人日间照料中心建设标准》（建标 143-2010），侧重规范城市社区日间照料中心的建筑规划标准。

2011 年 11 月，国务院办公厅发布的《社会养老服务体系建设规划（2011—2015 年）》中提出了"以建制村和较大自然村为基点，依托村民自治和集体经济，积极探索农村互助养老新模式"的要求和"日间照料服务基本覆盖城市社区和半数以上的农村社区"的建设任务。2013 年 9 月，国务院《关于加快发展养老服务业的若干建议》中提出了到 2020 年"符合标准的日间照料中心、老年人活动中心等服务设施覆盖所有城市社区，90% 以上的乡镇和 60% 以上的农村社区建立包括养老服务在内的社区综合服务设施和站点"的发展目标和"依托行政村、较大自然村，充分利用农家大院等，建设日间照料中心、托老所、老年活动站等互助性养老服务设施"的主要任务。

可见，国家层面上的政策主要集中在发展目标和主要任务两个方面，但目前尚缺少行业具体的规范标准和指导意见。

（2）山西地方层面政策

山西地方层面政策主要集中在发展数量要求和政府补贴办法两个方面，缺少实施细则等相关管理办法。

根据第三章第二节"政策演进情况"，我们可以发现：2019年之前，山西省的地方政策一直将农村日间照料中心的发展数量和速度作为建设侧重点。例如2012年《关于加快推进全省社会养老服务体系建设的意见》、2013年《关于做好全省农村老年人日间照料中心建设工作的通知》、2014年《关于加快发展养老服务业的意见》、《2017年新建600个农村老年人日间照料中心行动方案》和《2018年新建600个农村老年人日间照料中心行动方案》等一系列政策文件均对农村日间照料中心的建设数量和速度做出了量化要求。

根据实践中建设农村日间照料中心的条件规定：如有大量老年人需求，且村委会提供场地等条件即可申请开办一个日间照料中心。但是，目前建设的原则是"因地制宜""不搞一刀切"，因此缺乏政策文件具体规定和准入条件。然而，"低标准、可持续、广覆盖方针"和"因地制宜原则"并不代表老年人需求量化和评估政策的缺失，由此导致的审批主观随意性，使中心建起来后存在利用率不高、资源闲置等问题。例如，上文中提到的"资源闲置"问题，原因是老年人主观需求不大造成了农村日间照料中心沦为"活动中心"甚至被"废弃"的一个重要因素。这类"僵尸"日间照料中心的产生就是准入标准等具体政策缺失的必然后果。

又如上文中提到的"村干部不作为"问题，在"政府主管、属地管理、业务监管、村级主办"政策规定下，运营方责任单独承担、风险单独承担，是其未获得相应利益的必然结果。虽然在2017年山西省民政厅和财政厅联合下发的《关于进一步规范农村社区老年人日间照料中心建设的通知》中有"采取以奖代补的办法，省级每年给予1万元奖励，用于运行费用"和山西省民政厅《2017年新建600个农村老年人日间照料中心行动方案》中有"对示范县、示范村给予一定奖励"的规定，但奖励方法并没有具体规定，而且奖励对象、奖励内容和奖励力度的科学性和合理性也有待进一步论证。

而以运城市的盐湖区、芮城县和稷山县为正面典型,这三地分别出台了本区域的管理办法和考核规定,其区域内农村日间照料中心发展良好的实践结果证明,政策体系相对完善是运营正常的基本保障。

综上所述,现阶段国家层面政策的空白,导致地方政府及其职能部门制定具体地方性政策时没有具体实施依据,只能把握精神、原则和方向。在地方层面上,虽然山西省民政厅在《2017年新建600个农村老年人日间照料中心行动方案》中,对"推进措施"和"实施保障"进行了明确性表述,但也仅停留在"落实建设进度""明确补助资金""深化示范建设""加强组织领导""探索运营模式"和"强化督查考核"的宏观层面的强调上。农村日间照料中心的准入条件、建设标准、政府补贴发放、运营方的奖惩办法等成体系的政策组合和实施细则尚未建立并出台。

2. 运营方法律主体资格不明晰

很长一段时间内,法律理论界对村委会的法律主体地位没有统一的认识,在实际运行中运营方存在怕担责、怕风险的现象,由此导致作为大多数农村日间照料中心的运营方——村委会的法律主体资格不明晰。

(1) 村委会民事主体资格不明确

《中华人民共和国村民委员会组织法》第十八条规定:"村民委员会向村民会议负责并报告工作。村民会议每年审议村民委员会的工作报告,并评议村民委员会的报告。"村民会议是农村基层群众自治组织的权力机关,村委会是村民会议的执行机关。因此,在2017年10月1日《中华人民共和国民法总则》出台前的很长一段时间内,部分法律界学者认为村委会不具备民事主体资格,不是民法中所认定的"独立法人"。同时在实际工作中,运营方存在怕担责、怕风险,主观上不接受自己的法律责任中的主体身份,导致村委会民事主体资格一直没有得到确认和接受。

(2) 村委会行政主体资格不具备

行政主体是指参加行政法律关系,依法拥有行政职权,能以自己的名义行使行政职权,并能独立地对自己行使行政职权的行为产生的后果承担相应法律责任的国家机关或社会组织。❶ 显然，村委会不是国家机关，同时也没有得到法定授权成为社会组织中"授权型行政主体资格"的社会组织。

由于作为运营方的村委会法律主体资格长期不明晰，造成了运营中出现两类不良后果。一是在发生事故纠纷时，要么运营方借故逃避责任，要么借故不作为；二是在与农村老年人或爱心企业等签订协议时，协议无合法效力，要么造成老年人权益的损害，要么爱心企业捐赠享受不到减免税收等优惠政策。

因此，村委会法律主体资格不明晰严重影响着农村日间照料中心的可持续发展。

3. 运营经费无法覆盖运营成本

根据山西省民政厅政策研究中心提供的数据，至2020年年底，山西农村日间照料中心已建成6000余个。然而这些农村日间照料中心在实际运营中，存在诸多发展瓶颈。其中，资金不足是造成农村日间照料中心运营困难的主要因素，位列各种因素的第一位。在笔者实地调研的11个日间照料中心中，除晋南地区盐湖区雷家坡村和晋南地区LY县PS村不存在经费困难问题外，其余的农村日间照料中心负责人均在访谈中反映"经费短缺"是造成目前运营困境的最主要因素。这一问题同样在问卷调查中得到反映：在回收的408份有效调查问卷结果中，"经费短缺"同样成为被调查村干部和农村日间照料中心负责人首选的运营困境因素，选择比例高达48.39%。

经笔者平均测算，一家农村日间照料中心每年运行成本费用是6万~8万元，而目前农村日间照料中心的运营经费主要靠县级财政每年补助2万元，加上老年人缴纳的伙食费、社会捐助及村集体的资助，每年缺口仍然在1万~3万元。

上述经费短缺情况，造成了现阶段大部分农村日间照料中心运营困难的局面。由于运营经费无法覆盖运营成本，直接产生三方面后果：第一，造成农村日间照料中心照料服务质量的下降，如晋南地区YH区L村"钱少就少吃点肉"的现象；第二，工作人员待遇降低、人数减少，如许多工作人员由非专业的村干部兼任，厨师由留守人员充当等现象；第三，不得不

---

❶ 张正钊. 行政法与行政诉讼法 [M]. 2版. 北京：中国人民大学出版社，2004.

提高对老年人的收费标准。而上述三方面后果又将导致工作人员服务积极性不强和照料服务项目减少的不良结果，最终使农村老年人选择日间照料中心的意愿降低，接收照料服务的老年人数越来越少。由于照料服务人数是政府补贴的一项重要依据，因此，老年人人数减少反过来又进一步降低政府补贴金额，同时老年人缴费的收入也随着老年人人数减少而减少。在厨师工资、水电暖等固定运营成本变化不大的情况下，运营资金越加不足，由此导致恶性循环，如图3-7所示。❶

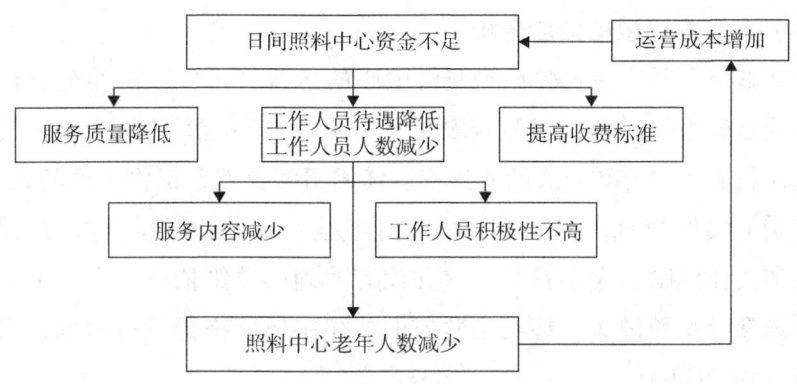

图3-7 农村日间照料中心资金不足恶性循环

4. 监管不到位

（1）对农村日间照料中心工作人员的监管不到位

农村日间照料中心工作人员（包括负责人、厨师、其他工作人员等）能力和素质普遍不高。例如，厨师一般为村里40~50岁的留守妇女，没有健康证明和相关培训资格证明等。在缺乏严格的行业审核与监管下，其服务质量不高，服务态度不到位。

（2）对服务内容和质量的监管不到位

山西农村日间照料中心的创立初衷是解决农村留守、空巢和高龄老年人的吃饭问题，因此服务内容以"吃饭"为主要内容。由于监管不到位，个别地方出现将解决农村老年人"吃饭"问题的政府补贴用到全村人的

---

❶ 刘茜，景灏，等. 濠梁之辨：农村养老服务的政府补贴之困［J］. 老龄科学研究. 2021（9）：1-14.

"聚餐"上的现象,甚至部分地区照料中心一年内关停时间超过4个月;电线煤气、消防器材、食品卫生存在的安全隐患等,也是监管不足导致的直接结果。

5. 激励措施不合理

根据责权利三角定理,农村日间照料中心在运营中的职责、权力和利益均应统一在运营主体身上,使其既成为农村日间照料中心责任的承担者,也成为权力的使用者和利益的享受者。

(1) 从权责一致的角度分析

从实践情况看,在农村日间照料中心的运营管理中,村委会或村老年协会作为运营主体,全权行使着农村日间照料中心运营的权力,这其中包括日间照料服务内容和方式的安排权、聘用厨师及普通工作人员的人事权、各项经费的使用权等。但权力和职责并未挂钩,在行使运营权力的同时,运营方的责任范围和大小是什么,并没有明确的政策依据,实践中也没有相应的成熟经验和做法。甚至运营方的法律主体资格仍没有明确,主体定位和责任划分模糊。

在这种职责不清的前提下,会出现两种情形:一是权小责大,村干部消极作为。正如在笔者实地调研中某村干部所言"你给人家(老年人)磕了碰了,咋和人家(老年人)的儿女们交代?都是麻烦"。二是权大责小,资金管理混乱,如晋北地区DT县DP村和YEJ村出现的资金使用乱象。

一方面,由于"权小责大""干好干坏一个样,干多干少一个样,不干不错,干得多错得多",村干部的消极情绪阻碍了他们能动性的发挥。具体表现为:在农村日间照料中心职权范围内的事,尽可能绕道走,如不主动向村民宣传村日间照料中心,不积极提供日间照料服务内容,甚至停止村日间照料中心的运营。

另一方面,由于"权大责小",内部的权力膨胀,缺少约束和监督,导致腐败现象发生。在党委监督、主管监督、业务监督、审计监督、群众监督等还没充分发挥应有的作用时,将责任的履行寄托在村干部个人自律上,忽视监督制度建设,使权力游离在职责之外,容易导致运营困境出现。

（2）从责利一致的角度分析

根据亚当·斯密的"经济理性人"假说，农村日间照料中心运营方及其负责人的行动是为获得自身利益而产生的，是为达到"利己"目的而产生的"利他"行为。

为什么政府放权，让村委会或村老年协会自主运营，管理本村日间照料中心，村委会干部或村老年协会会员反而不积极承揽？根源就是责任风险与收益不对称，没有足够的精神和物质利益刺激。"利寡责重"正是实践中制约运营效率的主要症结之一。"都是兼任，不拿钱，义务的"，"村干部没有一分好处"等实际情况，严重制约了村干部的积极性。与"权小责大"相同，仅期望于村干部等负责人发挥志愿精神，通过义务奉献的方式维持所有农村日间照料中心是不可持续的。

第四节 发展现状总结

一、农村日间照料中心的功能优势

农村日间照料中心作为一种新的养老模式，介于家庭养老和机构养老模式之间，主要发挥以下两大功能。

第一，以熟悉的生活环境为基础，帮助老年人维持良好的社会功能。老年人在本村的日间照料中心享受养老服务，白天可以与其他老年人一起享受集体生活，晚上可以回家享受家庭生活，不离土、不离家的照料方式尊重了农村老年人安土重迁的传统观念。同时，"非院舍化"的照料形式，也让农村老年人有了更大的自由度。贺雪峰认为，在农业机械化条件下，年龄大也得搞农业。但每年农忙两三个月，其他时间都是农闲，农闲时间可以搞家庭副业，也可以休闲娱乐。[1]和"老姐妹们说说笑笑"的大妈、从照料中心半途中"溜"回去"拾掇"家务的大娘和农闲下才过来"吃口热饭"的大爷……劳动不重，温饱有余，闲暇很多，自由自在，还有同龄朋

---

[1] 贺雪峰. 如何应对老龄化——关于建立农村互助养老的设想[J]. 中国农业大学学报（社会科学版），2019（3）：58-65.

友，可以种花种草，这样的日子就是老年人的神仙日子。❶

第二，在评估老年人生理、心理及社会需求的前提下，为其提供基本日常生活照料及个体化的服务。大多数农村老年人，由于经济来源有限，对生活质量要求不高，目前的生活需求还只是处于最低层次的生存需要上❷，这恰恰满足了农村老年人最实际的需求。

二、农村日间照料中心陷入的运营困境

虽然农村日间照料中心在应对农村传统家庭养老模式带来的巨大挑战和突破机构养老在农村地区在经济水平和养老观念的束缚的背景下发挥了重要作用，但是农村日间照料中心作为农村养老服务模式的创新尝试，在其建成数量和速度大力发展的同时，在运营过程中陷入了一系列困境。

第一，管理制度和机制尚不健全。省市级以上层面普遍缺少顶层设计，针对农村日间照料中心细化的配套管理规范、操作规范、监督制约和评估机制也没有出台。例如，农村日间照料中心工作人员的服务内容和质量、机构内部的绩效评价标准，以及激励制度等。

第二，社会资本投入不足。虽然政策鼓励企业、民间公益组织、爱心人士等给予农村日间照料中心资金支持，但是除经济发达地区外，实际运营中参与的人和组织数量极为有限；同时，企业准入门槛高，真正能够落地运营的并不多，融资压力巨大。

第三，照料服务质量不高。农村日间照料中心的工作人员大部分人都是学历较低的人员，缺乏专业技能，也没有接受过专业的技能培训，缺乏护理老年人的专业知识，无法为老年人提供专业性强的、有技术含量的照料服务。实践中发现，大量农村留守妇女及需要得到照料服务的低龄老年人充当了本村日间照料中心的服务提供者，他们提供的服务基本上都是一些简单的日常起居照料工作，服务质量不高。

---

❶ 贺雪峰. 如何应对老龄化——关于建立农村互助养老的设想 [J]. 中国农业大学学报（社会科学版），2019（3）：58-65.

❷ 何梓嘉. 经济来源对西部地区农民养老需求影响的实证调研 [J] 生产力研究，2019（9）：58-64.

第四，服务内容有限。主要以日间餐饮为主，无法满足老年人多元化的需求，导致农村老年人对日间照料中心的选择率较低。

第五，服务对象设限。缺乏对服务对象的评估及准入机制，无法根据老年人的自理能力及健康状况提供不同层次的照料服务。绝大多数农村日间照料中心只面向生活能基本自理的老年人，最需要日间照料服务的生活不能自理的农村老年人反而无法享受该服务。

第四章 日间照料服务的典型经验借鉴

第一节 国内成功运营案例分析

一、雷家坡村日间照料中心

2016年9月9日，雷家坡村日间照料中心登上中央电视台《焦点访谈》栏目，其建设和运营经验成为全省甚至全国农村日间照料中心的旗帜和标杆。

1. 运营现状

雷家坡村隶属于山西省运城市盐湖区龙居镇，该村的日间照料中心于2012年8月初由村委会决定建立并开始筹备，9月3日开始试运营。中心占地面积共2200平方米，其中，建筑面积1000平方米，室外活动场地1200平方米。中心内设老年食堂、图书馆、阅览室、游艺室、活动室、休息室、洗浴室和各种健身器材等。在笔者2018年6月实地调研时，该村日间照料中心服务对象辐射全村60周岁以上的所有老年人，其中老年食堂服务的人数为30多人，占全村70周岁以上老年人数的1/3。

（1）**日间照料中心准入条件**

本村常住居民，且年龄在60周岁以上的老年人均可自愿参加各项活动。

（2）**老年食堂准入条件**

本村常住居民，70周岁以上的孤寡老人及五保户，且满足意识行为清楚、没有任何传染病、行走方便和能独立料理自己生活4个条件。❶

---

❶ 具体规定来自"雷家坡村老年照料中心简介"展板内容。调研中发现，在实际运营中，条件适当放宽，还包括空巢、留守等老年人。

(3) 运营管理办法

村党支部书记、村委会主任杨启刚兼任村日间照料中心主任,直接领导工作;村党委副书记姚永计具体负责执行工作。村委会制定有四项实施意见,具体规范中心各项工作的正常运转,并制定了卫生管理制度、伙食管理制度、请示报告制度、民主管理制度,以及护理公约、活动室及灶房的相关制度,以保障各项工作的正常运行。中心的所有公物均造表登记入册,每个活动室和室内外器材及老年食堂均责成专人管理。

(4) 服务内容

餐饮服务:包含早中晚三餐;文娱活动:主要有棋牌、歌舞、聊天;生活卫生料理服务:主要有理发、助浴、洗衣等;养生康健服务:主要有按摩、健身、健康咨询等。

(5) 运营经费

经费来源:村日间照料中心在创建时由省级财政补贴7万元启动经费,区财政每年补贴2万元运营经费,村集体经济每年补贴5万元运营经费,以及老年食堂的缴费收入[收费标准为100元/(人·月),孤寡老人免费]❶作为补贴。另外,村爱心人士每年捐款捐物也是村日间照料中心的部分经费来源。

经费支出:老年食堂的伙食标准按照300元/(人·月)执行,即伙食成本为108 000元/年❷;厨师工资1000元/(人·月),共2人,共计2000元/月;1名工作人员,主要负责买菜、看门和卫生等,由该村老支书零报酬兼任。

(6) 志愿服务

雷家坡村成立了村志愿服务队,主要由20多名中青年"村媳妇"组成,共分四组,每周轮流去一次中心。志愿者服务队主要负责中心内老年人的卫生打扫(包括理发、洗衣服、洗床单、洗被罩等),帮老人梳头、按摩等。

---

❶ 该缴费由村老年协会规定为赡养费,必须由子女每月25日亲自交至村日间照料中心。作为此规定的补充,在外打工不便亲自缴费的子女需经常打电话给日间照料中心的老年人,老年人生病则必须返家带老年人看病。

❷ 按30位老人计算。

村文艺宣传队兼任村日间照料中心的义务表演队,逢公休、节假日等为中心的老年人义务演出。

2. 经验总结

(1) 党建工作引领

2015年2月,雷家坡村被中共中央精神文明建设指导委员会评为"全国文明村镇";2016年7月,雷家坡村被中共中央委员会授予"全国先进基层党组织称号"(证书号:20160028)。雷家坡村日间照料中心的建设和运营能够成为山西全省乃至全国农村日间照料中心的观摩示范点,与当地党建工作的正确引领密不可分。

笔者访谈时,在具体工作中,村党支部书记、村委主任杨启刚和村党委副书记姚永计分别兼任中心正副主任,直接领导中心工作,具体负责中心的运营工作,发挥基层党组织和党员干部对村日间照料中心的实际带动作用。正如村党委副书记姚永计在接受笔者访谈时所述:"党要求我们做到四个自信——道路自信、理论自信、制度自信和文化自信,我们现在做老年人日间照料就是靠我们对办农村日间照料中心道路的自信,靠我们对德孝文化的自信。这是党的思想要求在引领我们的日常照料工作。"

(2) 政府支持

雷家坡村日间照料中心受到山西省各级人民政府及职能部门政策规范管理和财政支持。

第一,政策规范管理。除山西省下发关于农村日间照料中心的相关政策外,盐湖区于2013年就已经出台《盐湖区社区老年人日间照料中心实施方案》《盐湖区社区老年人日间照料中心建设标准》《盐湖区社区老年人日间照料中心管理办法》等地方实施细则,对农村日间照料中心的设施要求、服务功能、管理运行各方面都提出了具体要求。同时,在内部管理上要求各村日间照料中心建立健全财务管理、膳食安全、环境卫生、托养签约等管理制度。可以发现,雷家坡村日间照料中心从开办起就纳入了政策规范化管理。

第二,财政支持。中心启动时,山西省级财政给中心下拨了7万元启动经费;正式运营后,盐湖区财政每年给中心补贴2万元运营经费;2014年,为申报国家养老服务业示范实验区，盐湖区政府拿出400万元专项资金，对包括雷家坡村在内的30个示范中心进行重点扶持。

(3) 群众自治性组织成熟自治

雷家坡村的群众自治组织包括村民委员会、"一约七会"中的"七会"和志愿服务队。

第一，村民委员会。《中华人民共和国村民委员会组织法》第一章第一条规定："村民委员会是村民自我管理、自我教育、自我服务的基层群众自治组织，实行民主选举、民主决策、民主管理、民主监督，办理本村的公共事务和公益事业"。笔者在实地调研中了解到：雷家坡村日间照料中心成立的缘起是该村村委会在实行自我管理的过程中，发现一些空巢老人在家一个人做饭有煤气中毒的隐患，并且反复热剩饭吃。据该村党委副书记、村日间照料中心具体负责人姚永计回忆："（2012年）8月1号、2号开（村委）会，马上就定下来（开办村日间照料中心），3号就收拾学校，撤点并校以后村里的校舍就空闲下来了，9月（村日间照料中心）就开了，从决定到开1个月，很迅速。"雷家坡村日间照料中心的创办过程与速度，就是该村村委会民主决策、民主管理成熟度的充分体现。

第二，"一约七会"。雷家坡村以乡风、民风和家风建设为重点，建立了"一约七会"机制，即"村规民约"和"村民议事会、红白理事会、老年协会、新乡贤理事会、道德评议会、禁赌禁毒协会、民调理事会"。村老年协会主持签订《赡养老人协议书》，督促子女履行赡养义务；道德评议会组织本村"德孝人物"评选活动，为村日间照料中心的运营起到协助和推动作用。这"七会"均有完整的管理办法和制度，成为协助村民委员会自治的重要群众自治组织，推动该村自治、法治、德治"三治"融合，营造了该村共建、共治、共享的局面。

第三，志愿服务队。主要分为两类：第一类负责卫生打扫，第二类负责文化娱乐。第一类已经形成制度化的服务机制，由20多名中青年"村媳妇"组成，分成若干组轮流为村日间照料中心的老年人提供义务理发、洗衣服、洗床单、洗被罩等志愿服务；第二类由村文艺宣传队兼任村日间照料中心的义务表演队，逢公休、节假日为中心提供文娱类的义务演出。另外,该村的志愿者人数在不断增加,志愿服务也在扩大规模,如寒暑假期间,放假的学生也会到村日间照料中心从事志愿服务活动。

(4) 德孝文化影响

人类学家克拉克洪认为,文化是一个民族全部的生活方式,是个体从全体中所取的社会遗产。文化也可被视为一种人类所创造的环境因素。文化环境对人类行为有着凝聚、控制、引导等作用,什么样的文化环境就有什么样的人类行为。[1]

运城是中华文明的重要发祥地之一,雷家坡村位于运城盆地中部盐湖区。受当地关公文化、根祖文化、盐文化、德孝文化等地域文化的影响,该村日间照料中心将德孝大讲堂、图书馆和阅览室、文艺宣传队伍和志愿服务队伍融入日间照料服务中,建成了"五位一体"的德孝文化苑"德孝大讲堂",将"存好心、说好话、办好事、做好人"作为开讲宗旨,让中心老年人听身边的好人好事、讲身边的好人好事,老有所教;图书馆和阅览室将老年教育作为精神照料的服务内容之一,让中心老年人读书、练字,老有所学;文艺宣传队将丰富老年人精神文化生活作为目标,让中心老年人在慰问演出中,老有所乐;志愿服务队将"帮助别人,快乐自己"作为座右铭,让中心老年人得到家一般的生活照料,老有所养。

雷家坡村党支部委员会和村民委员会还在营造德孝文化中开创了几项敬老爱老的新措施。第一项措施,从2006年开始评选村"好媳妇",通过邻居、老党员、村组干部等对自己心目中的"好媳妇"以当众夸赞的方式评选,获得"好媳妇"称号的村民在大年初一的村联欢会上公开接受表彰。第二项措施,制定村《关于赡养老人的若干规定》,其中要求子女必须在衣食住行、医疗卫生和精神等方面关爱老年人,做到冬有取暖设施,夏有乘凉环境,一日三餐,有病即医,有脏就洗。与老年人不在一起居住或经常外出打工不在家的子女,要安排好老年人的生活,委托专人照顾老年人,并经常回家探望;国家给予的养老金归老年人依法所有,子女不得占用或挪用;子女要根据家庭情况给老人固定的零花钱。老年人对子女的不孝行

---

[1] KLUCKHOHN C. Mirror for Man [M]. Greenwich, conn: Fawcett Publication Inc, 1967.

为有权向村委会或村干部反映；村干部要大力宣传国家关于尊老敬老的各项政策规定，在全村营造关爱老年人的浓厚氛围，并每年组织一次孝敬老年人的评比活动。在这些规定下，村里家有70周岁以上或70岁周以下但生活不能自理老年人的子女全部在村老年协会的主持下与老年人签订《赡养老人协议书》（图4-1），有几个子女就签几份协议，形成了村老年协会和村民共同督促子女履行赡养义务的村规民约。第三项措施，村日间照料中心老年食堂，每月100元的伙食费必须由子女缴纳，且必须亲自交到村日间照料中心，以保证老年人每月至少见到子女一次。如果子女在外打工回村不便，则要求他们给老年人常打电话。如果老年人患病，子女必须回来带老年人看病。通过上述规定，督促子女尽到赡养义务。

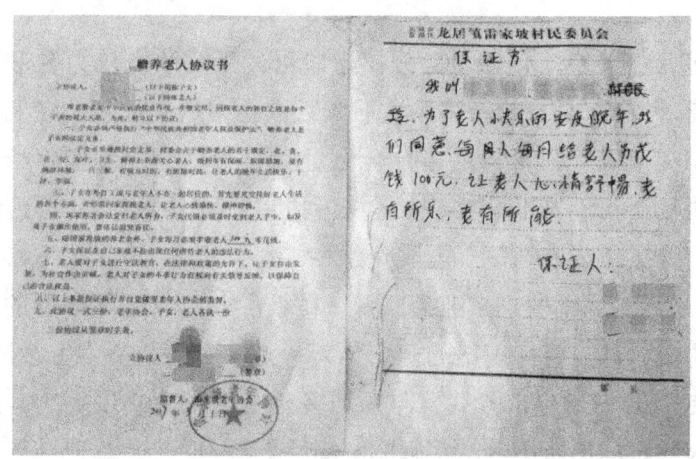

图4-1 雷家坡村《赡养老人协议书》范本

在这种德孝文化的影响下，雷家坡村涌现出许多敬老爱老的典型人物，如被评为盐湖区十大道德楷模的侯留生，被评为盐湖区"十佳""百佳"德孝先进典型的刘爱样、杨连香、黄小改等，常年义务为老年人理发的"好人"郭艳菊。

2016年9月9日，中央电视台《焦点访谈》栏目以"尚德孝，润人心"为主题对雷家坡村日间照料中心评价道："弘扬德孝文化，就是要将民族的优秀传统文化和新时代的精神文明建设相结合，充分展现社会主义核心价值观。弘扬德孝文化，要靠宣扬更要靠实干；要积极引领，更要植根基层。

道理讲清了,例子摆明了,效果看到了,风气形成了,它才能变成群众自己的要求和选择,才能为推进经济社会协调发展提供持久和强大的正能量。"

3. 运营模式

福利多元主义又称混合福利经济,是社会政策的一个宏观分析范式,强调福利的供给主体和方式的多元化,而不应只是国家的责任。对于福利多元中的"元",不同学者有不同的认识,如罗斯的市场、政府和家庭的"三分法";伊瓦思的国家、市场、社区、民间的"四分法";吉尔伯特的国家、市场、家庭和志愿组织的"四分法"。无论何种分法,将福利的供给主体分为几"元",它们作为彼此独立的社会福利提供者单独存在,均有不同程度的缺陷,都可以通过多元组合相互弥补不足,在福利来源和责任上实现多元化。

福利多元主义的核心理念是分权与参与,强调政府权力分散化和社会福利民营化。[1] 分权是指政府将权力下放给社会中的企业、非营利机构、群众自治组织和个人等;参与是指社会力量参与到社会福利的供给中,与国家共同提供社会福利产品,实现社会福利的多元化供给。社会力量参与的方式有政府购买、政府补贴、志愿服务等。

"政府主导、属地管理、业务监督、村级主办"管理体制下的雷家坡村日间照料中心,其自身体现出的"集体筹一点、个人掏一点、政府补一点、社会捐一点"的资金筹集方式,与福利多元主义理念高度吻合,因此该理论对雷家坡村日间照料中心有很强的解释性。

雷家坡村日间照料中心的老年照料福利服务由政府、村委会、家庭和志愿组织共同提供,因此,该中心向老年人所提供的社会总福利可以借用罗斯计算社会总福利的公式 $TWS=H+M+S$ 表示为

$$TWS_{雷}=S_{雷}+C_{雷}+H_{雷}+V_{雷} \tag{4-1}$$

其中,$TWS_{雷}$ 是雷家坡村日间照料中心老年人享受到总的养老照料福利;$S_{雷}$ 是国家提供的福利(包括政府相关的政策、省级建设 7 万元的启动经费、区财政 2 万元/年的运营经费等软硬件保障等);$C_{雷}$ 是指雷家坡村集

---

[1] 曹艳春. 我国适度普惠型社会福利制度发展研究[M]. 上海:上海人民出版社,2013.

体提供的福利（包括村委会的日间照顾服务、村集体经济提供的 5 万元/年的运营补贴、村集体房屋及配套硬件设施等）；$H_雷$是指雷家坡村村民家庭提供的福利（包括子女赡养费、常回家看看、常打电话给老年人、老年人生病必须由子女亲自陪同等）；$V_雷$是指雷家坡村志愿服务提供的福利（包括社会爱心捐赠、志愿者义务卫生打扫、厨师和老支书爱心奉献等）。$S_雷$、$C_雷$、$H_雷$、$V_雷$共同体现出雷家坡村日间照料中心在运营中已经基本实现政府、村委会、家庭及志愿组织四元组合互补模式（表 4-1），在中心老年人照料服务资源提供和责任分配上均实现了多元化。

表 4-1 雷家坡村日间照料中心"四元组合互补"运营模式特征

特征	划分方式			
	$S_雷$	$C_雷$	$H_雷$	$V_雷$
提供主体	各级政府及职能部门	村委会	家庭	志愿服务
提供原则	公共责任	集体责任	个人责任	志愿责任
接受者角色	社会公民	社区成员、组织成员	家庭成员	社会成员
提供内容	政策补助	社会互助、有偿服务	家庭支持	社会互助、社会服务
有效标准	保障、安全、公平	团结、共有	参与、和睦	活跃的社会性

经济学家纳普提出，衡量福利多元主义中的公共服务可以采用"融资-生产"双维度分析法，即将融资或需求模式分为 6 种：强制-集体、志愿-集体、合作式、无补偿的个人消费、可补偿的个人消费、个人捐助；生产模式分为 4 种：公共、私人、志愿性、非正式，构成二维 24 格分析矩阵。❶

雷家坡村日间照料中心筹集经费的方式为政府、村集体、个人、社会等多方共同提供，因此其融资模式属于"合作式"模式；又由于该村日间照料服务由村委会直接提供，而村委会的性质属于村民自治组织，所以其生产模式属于"非正式"模式。综上所述，根据纳普的"融资-生产"双维度分析法，雷家坡村日间照料中心的运营模式为"非正式-合作"模式，如图 4-2 所示。

---

❶ 曹艳春. 我国适度普惠型社会福利制度发展研究 [M]. 上海：上海人民出版社，2013.

	融资模式					
生产模式	（公共，强制-集体）	（公共，志愿-集体）	（公共，合作式）	（公共，无补偿的个人消费）	（公共，可补偿的个人消费）	（公共，个人捐助）
	（私人，强制-集体）	（私人，志愿-集体）	（私人，合作式）	（私人，无补偿的个人消费）	（私人，可补偿个个人消费）	（私人，个人捐助）
	（志愿性，强制-集体）	（志愿性，志愿-集体）	（志愿性，合作式）	（志愿性，无补偿的个人消费）	（志愿性，可补偿个人消费）	（志愿性，个人捐助）
	（非正式，强制-集体）	（非正式，志愿-集体）	雷家坡村模式（非正式，合作式）	（非正式，无补偿的个人消费）	（非正式，可补偿个人消费）	（非正式，个人捐助）

图4-2 纳普"融资-生产"双维度24格分析矩阵下的雷家坡村模式

结合雷家坡村日间照料中心"四元组合互补"运营模式和"非正式-合作"模式的特征，其优点突出表现为以下三个方面。

第一，山西各级政府及职能部门在政策上的引领和财政上的支持，发挥了不可替代的社会保障职能，是政府履行政府职能、承担公共责任的具体体现，保证了社会公平、稳定的局面。

第二，促进村委会、家庭、社会爱心人士、志愿服务队等社会各方力量参与，为本村的老年人，尤其是为空巢、留守、孤寡及五保户等重点群体提供福利服务，实现了人力、物力和财力等社会资源的重新整合，形成了良好的社会风气和道德文化氛围，最大限度地实现了本地区的社会互助和社会团结。

第三，作为社会（社区）成员的老年人，尤其是农村空巢、留守、孤寡及五保户等老年人，他们在原生环境中得到本土组织和人员的照顾，关爱度和支持度相对较高，生理和心理需要得到个性化满足，提升了养老的总体质量。

综上所述，根据福利多元主义理论，以雷家坡村为代表的"盐湖区的老年人日间照料中心凝聚社会力量支持养老工作，经验值得向全国推广"[1]。

---

[1] 山西省民政厅副厅长李太平于2013年6月27日在"山西省福利工作暨农村老年人日间照料现场推进会"上的总结讲话。

二、肥乡县互助幸福院

1. 运行现状

肥乡县❶位于河北省邯郸市辖区东部，县内前屯村于2008年首建农村互助幸福院。互助幸福院中没有专门的照料服务人员，由低龄、身体状况较好的老年人照料高龄、身体状况较差的老年人，老年人自我管理、自我服务、相互帮助、共同生活。例如，做饭、日常生活照料、卫生清洁、烧锅炉取暖等事务均由老年人分组轮流或自愿组织。该模式兼容了日间照料的主要服务内容，实现了老年人离家不离村的就地养老。

截至2016年年初，该县已建成"村级主办、互助服务、群众参与、政府支持"的农村互助幸福院240家（包括联村合建25家），覆盖全县265个行政村，率先在全国实现全覆盖，得到国家和省、市各级领导肯定，曾于2012年先后被中央电视台《焦点访谈》和《朝闻天下》栏目及《人民日报》、新华每日电讯等媒体报道。

（1）准入条件

60周岁以上生活自理、无精神病、传染病和其他影响安全生活因素的独居老人。

（2）服务内容

日常生活照料（吃饭、起居等）、健康保健（日常护理、例行体检、紧急救助）、社交娱乐（下棋、聊天、手工等）。

（3）运营经费

按照村级申请、乡级审定、县级批准的程序，由县互助幸福院建设办公室会商有关部门，根据互助幸福院规模大小、入住人数、交通状况、运行情况等因素确定补助类别。其中，列入县建设计划的，由县财政奖补；未列入县计划的，由乡（镇）参照县标准给予补助。例如，2013年列入县计划的新建和扩建幸福院分别奖补10万元/个和5万元/个，上述奖补资金主要用于互助幸福院的房屋建设、改造、修缮和生活设施配备等，见

---

❶ 肥乡县，现肥乡区。2016年9月30日，邯郸市撤销肥乡县建制，设立肥乡区。

表4-2。按服务的老年人数进行350元/（人·年）补贴；对于评定为星级管理的互助幸福院，按星级给予奖补，主要用于冬季取暖用煤用电等。上述奖补资金分配到乡（镇），按照县级报账制进行支出，整个使用过程由县互助幸福院建设办公室负责监督。

表4-2 2013年肥乡县各乡（镇）提升互助幸福院任务

乡镇	新建幸福院/个	扩建幸福院/个	奖补额/万元
肥乡镇	1	1	15
天台山镇	1	1	15
大西韩乡	1	1	15
辛安镇乡	1	2	20
元固乡	1	1	15
毛演堡乡	1	1	15
屯庄营乡	1	1	15
东漳堡乡	1	2	20
旧店乡	1	1	15
合计	9	11	145

数据来源：肥乡区人民政府网。

（4）运营管理办法

互助幸福院实行院长负责制度和"三书、二卡、二账、一本"制度。

院长负责制度具体指院长通常由村干部兼任，主要负责整合使用幸福院的运营资金及资源等，常务副院长从入院老年人中推选产生，主要负责幸福院的日常管理，如分配具体工作、安排值班、调解矛盾纠纷、组织文体活动等制度。

"三书、二卡、二账、一本"具体指申请书、承诺审批书、入住协议书；老年人信息卡、健康登记卡；物资账、现金账；院务活动记录本。该制度指每名入院老年人必须签订"三书"，互助幸福院必须建立"二卡、二账、一本"的管理制度。

2. 经验总结

当前中国农村发展互助养老的核心不在于技术，而在于必须要有村庄的信任、认同、预期和价值感、归宿感，或者说关键在于培养村庄社会资本。❶ 因此，肥乡县互助幸福院最宝贵的经验是社会资源的调动与整合。

第一，正式社会资源的支持。政府的相关职能部门为解决农村互助幸福院实际问题起到关键作用。县卫生部门定期组织医务人员免费为互助幸福院老年人上门体检；县教育部门定期组织学生到互助幸福院开展慰问活动；县文化部门定期组织文艺团体到互助幸福院进行义演；县广电部门为所有互助幸福院免费安装有线电视；县住建部门定期对互助幸福院建筑物进行安全排查；县电力、消防、食品药品监督等部门定期或不定期到互助幸福院宣传用电、消防安全、食品安全等知识，并对互助幸福院用电线路进行免费维护整改、配备消防设施等；工青妇、红十字会等社会团体定期为互助幸福院老年人提供志愿服务等。

同时，政府部门的各直属单位还联系农村互助幸福院开展帮物品（或资金）、帮服务、帮管理等活动。例如，在重大传统节日都会到所联系的农村互助幸福院进行慰问，每季度至少到所联系的农村互助幸福院开展两次义务服务活动。

第二，非正式社会资源的挖掘。这一点是互助幸福院得以维系运营的核心与关键。一方面，肥乡县的农村保留了乡土社会的部分痕迹，较城市地区来说仍符合费孝通先生所提出的"礼治"社会的部分特征。例如，以家庭为社会核心单元、规模小且角色分工较少、个人的或具有感情色彩的初级关系、人的行为靠"礼"来约束等一系列特征。这里的"礼"并不是靠一个外在的权力来推行的，而是从教化中养成了个人的敬畏之感，使人服膺；人服礼是主动的。❷ 受本地"负荆请罪""完璧归赵"等中国优秀传统文化影响，肥乡县村民对互帮互助的理念认同且主动接受，为互助幸福院老年人之间相互照料、共同生活奠定了文化思想基础。

---

❶ 贺雪峰. 互助养老：中国农村养老的出路 [J]. 南京农业大学学报（社会科学版），2020（5）：1-8.

❷ 费孝通. 乡土中国 [M]. 北京：北京时代华文书局，2018.

另一方面，随着农村社会的变迁、农村信息对称程度（即村民的熟悉程度）的逐渐降低、地方共识性的不断减弱，以及公共规则、公民意识及公共伦理的重塑，农民们已经逐渐出现了理性的行动逻辑，随即形成了贺雪峰所说的"半熟人社会"。在此背景下，抵偿服务和"时间银行"等互助办法成为调动低龄、健康老年人提供日间照料服务的有效手段。

3. 运营模式

肥乡县农村互助幸福院在整合政府、村集体、家庭、社会资源的基础上，挖掘农村老年人自身的资源和潜能，形成了村级主办、互助服务、群众参与、政府支持的运营模式（图4-3）。

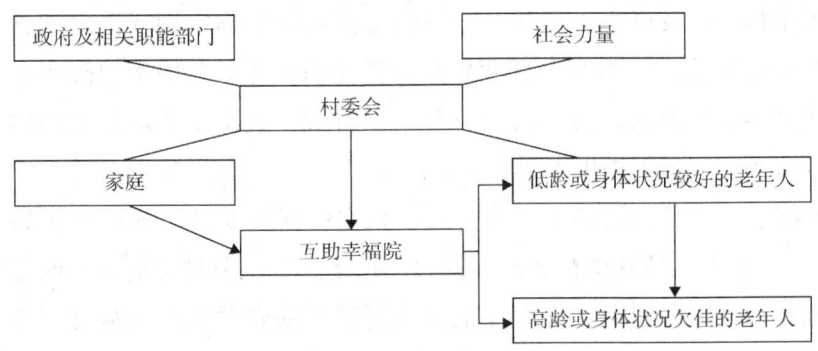

图4-3 "村级主办、互助服务、群众参与、政府支持"的运营模式

在运营过程中，具体表现为集体建院、自我保障、互助服务的形式。集体建院，即由村集体出资或改造集体闲置房屋建设互助幸福院，并由其承担水、电、暖等相关费用。县级财政对互助幸福院按照相关标准给予补贴，爱心人士或组织给予捐款捐物。互助服务，即由低龄、身体状况较好老年人照料高龄、身体较差的老年人，相互帮助，共同生活。自我保障，即在"子女申请、老人自愿"的原则下与村委会签订协议入住互助幸福院，除特殊困难老年人的生活费用由县级财政承担外，其他老年人的衣食及医疗费用等由其子女承担。

实践运营中，该模式又衍生出三种不同形态。

第一，自愿服务。低龄老年人作为志愿者自愿照顾高龄老年人，低龄老年人从志愿服务中获得赞扬、尊重和荣誉，这要求低龄老人有很高的道德素养。

第二，抵偿服务。低龄老年人在提供服务的过程中取得一定的经济补偿，从而形成基于责任和利益的照料关系。

第三，"时间银行"。通过记录照料服务的时长、核算劳动复杂程度，以劳动成果代际接力的方式开展互助照料服务。

不管互助幸福院采取上述何种形态，其运营模式都具有共同的特点，即让老年人在熟悉的生活环境中安度晚年，既满足农村老年人最基本的生活需要，也让农村老年人获得更大的自由度和价值感，适于在广大农村推广和普及。具体的优势如下。

其一，从经济角度分析，互助幸福院是最大化降低各项投入成本的养老模式。根据农村地区实际经济水平和发展状况，当地村委会利用村中闲置或低租金房屋而建设成配套设施，老年人平时的生活费用大部分由子女负担，照料服务由老年人自身提供，在农村养老保障水平相对不足的情况下，最大化地降低了建筑、人力等成本。该模式挖掘并整合了包括政府、社会、个人等多层次的社会养老资源，利用了传统社会资本中非正式社会支持网络，同时遵循了现代市场经济中的公平和互惠原则，将照料服务扩大到整个农村社区，在满足物质、精神、照料需要的同时，最大化地降低了各方面的投入成本，使得该模式易操作、易复制和易推广。

其二，从政策角度分析，肥乡县互助幸福院得到了各级政府的大力支持。《社会养老服务体系建设规划（2011—2015年）》提出的"在农村要以建制村和较大自然村为基点，依托村民自治和集体经济，积极探索农村互助养老新模式，建立与人口老龄化相适应、与经济发展水平相协调的社会养老服务体系"成为该模式复制及推广的政策基石。同时，河北省和邯郸市等各级政府的具体政策支持成为互助幸福院的"推进器"。河北省政府将其作为一项"幸福工程"在全省范围内推广；各市、县级政府为互助幸福院提供了具体的政策、资金等支持，如为了鼓励企业、社会组织和个人参与、支持、帮扶农村互助幸福院建设，对兴办和资助农村互助幸福院建设的企业、单位和个人予以表彰奖励，对捐助30万元以上的企业、单位和个人，根据捐赠人的要求，可准予以企业、单位和个人的名义对幸福院进行命名。

其三，从传统文化角度分析，肥乡县互助幸福院符合中国传统的养老观念。在农村根深蒂固的"故土难离""养儿防老"的思维定式下,"离家不离村,离亲不离情"的互助幸福院建在老年人熟悉的农村社区内,共同的价值观念、语言、生活行为及习惯等更加容易得到老年人和子女的认可和接受。费孝通提出的"差序格局"形象地描述了中国以个体及家庭为中心逐层展开的社会关系网络❶,中国社会(尤其在农村社会中)既不是社会本位,也不是个体本位,而是关系本位。肥乡县互助幸福院充分利用了中国农村熟人社会的关系文化,更容易在农村地区展开。

第二节 欧美国家日间照料服务经验介绍

一、美国的"自然形成的退休人员社区支持服务项目"

1. 发展及特征

自然形成的退休老年人社区(Naturall Occurring Retirement Community,NORC),在20世纪80年代由纽约滨南社区公共管理董事会亨特提出。1985年,亨特研究发现滨南社区的老年人群居是自然形成的,而非事先规划建设而成。作为国际妇女服装工人联合会的工人迁入社区后,随着时间推移直至衰老,其子女在长大成人后搬离该社区,使这些老年人逐渐成为社区的主要居民,这些社区就是亨特提出的"自然形成的退休社区"。

NORC的基本特征主要有以下五点。

第一,老年人聚集居住的社区是自然形成的,没有经过专业布局和规划,因此建成初期并不是拥有完善软硬件的"老年友好型社区"。

第二,虽然NORC的社区居民绝大多数为老年人,但是从整体年龄结构上看,其他各年龄段居民也占一定比例。与此同时,社区中的老年居民与年轻居民存在良好的互动关系,即低年龄段的社区居民能够为老年居民提供日常生活上的帮助,老年居民能够为年轻居民传授生活经验与技能。

第三,社区内老年居民形成自愿互助的关系,同时还能够为社区内其

---

❶ 费孝通. 乡土中国 [M]. 北京:北京大学出版社,1998.

他居民提供帮助和服务。

第四,以"社区活力必须来自社区的内在动力"为理念,鼓励并倡导向社区内老年居民赋权,强调激发社区老年居民的潜能,充分调动他们的积极性,增强其自我效能感。因此,NORC 的老年居民可积极参与社区服务和社区活动的策划和执行,甚至可成为社区领袖,从事社区的策划、组织等工作。

第五,社区通过与专门的服务机构建立合作关系,或者签订服务合同,为社区内的老年居民提供专业、优惠、便利的各项服务。

为改善社区内老年居民养老的实际状况,结合 NORC 的上述基本特征,自然形成的退休人员社区支持服务项目(NORC-SSP)应运而生。1985 年,为了向社区的老年居民提供日常生活照料和医疗康复等相关服务,当地政府、滨南社区的纽约犹太社区联合会(UJA-Federation of New York)及其他一些社会组织共同成立了社区服务委员会,该委员会专门设立了滨南老年项目(Penn South Progrom for Senior)。该项目的主要工作有:一是为医疗预防、社会工作、教育活动和文化娱乐等服务项目开拓资金来源。二是开展社会组织和服务机构招募,为社区服务寻求合适的服务提供者。❶

2. 服务内容

NORC-SSP 为社区老年居民提供的服务类型包括个性化社会工作服务、医疗健康服务、教育娱乐服务和居民志愿服务(表 4-3)。

第一,个性化社会工作服务。该服务类型主要是指由专业的社会工作者为有需要的社区老年居民提供生活照护、心理咨询和社会援助等方面的直接或间接服务。

第二,医疗健康服务。该服务类型主要是指由养老机构、医院等为有需要的社区老年居民提供健康监测、疾病预防、疾病治疗和健康教育等方面的服务。

第三,教育娱乐服务。该服务类型是指由房产拥有者或管理者提供场地、设备及资金等支持,社区老年居民开展自我策划、自我组织、自我参

---

❶ 鲁迎春. 上海养老服务供给的探索[M]. 上海:上海人民出版社,2019.

与的兴趣活动、教育培训等。

第四，居民志愿服务。该服务类型是指由社区老年居民等志愿者为社区服务项目的开发、决策及日常运行管理等方面提供的服务。

表 4-3 NORC-SSP 服务内容体系

服务类型	服务内容	服务提供者
个性化社会工作服务	为客户提供服务信息和服务推荐，协调各方力量为客户提供满足其生理、心理以及社会需求的服务	专业社工
医疗健康服务	健康监测、疾病预防、疾病治疗、健康教育等	养老机构、医院
教育娱乐服务	唱诗班、读书会、语言课等	房产拥有者或者管理者、老年居民
居民志愿服务	NORC 项目的发掘、决策、日常管理和服务供给	老年居民志愿者

资料来源：VLADECK F. A Good Place to Grow Old：New York's Model for NORC Supportive Service Program，New York：United Hostital Fund，2004.

NORC-SSP 在关注各类综合性社会服务的同时，还重视对社区老年居民的医疗服务，因此该项目的服务焦点是社会服务和医疗服务相结合。例如，NORC-SSP 启动的联动工程（Linkage Project）就是一套将社会服务和医疗服务有机结合的联动机制。该联动机制将社会服务和医疗服务的两个服务环节与过程相融合，通过共享社区老年居民的基本信息、需求评估结果等共同解决社区老年居民的养老问题。

3. 服务方式

第一，社区老年人是服务的主动提供者。NORC-SSP 始终坚持社区的活力源泉来源于社区居民，只有充分调动他们的积极性，NORC 才可能持续发展。❶ 因此，通过关注社区老年居民的潜在优势，将他们作为服务的主动提供者，成为 NORC-SSP 的主要服务方式。

第二，提供预防性服务。NORC-SSP 是基于社区老年居民身体机能缺

---

❶ VLADECK F. A Good Place to Grow Old：New York's Model for NORC Supportive Service Program[M]. New York：United Hostital Fund，2004.

陷和紧急救助的特定需求而开发的，因此服务的提供时间点以事前为主。通过提供预防性服务，将医疗保健、疾病预防、健康教育等社区资源整合后供给社区老年居民，以预防措施为实现途径，对社区内全体老年居民的身体健康实施事前干预。例如，NORC-SSP为滨南社区老年居民全部建立了家庭健康档案，并根据他们的健康状况制订保健方案；定期为社区老年居民进行生理和心理健康咨询、讲座等，以预防疾病的发生或恶化。

第三，项目的需求导向。NORC-SSP的运作流程包括需求评估、项目策划与设计、项目执行、项目评估等几个环节。这几个环节的工作会全部围绕需求评估的工作结果来进行。因此，在需求评估过程中，特别强调对社区老年居民的年龄结构、家庭结构、身体健康状况、收入水平等各项情况的问题分析与需求评估，以制订出符合个性化需求的服务项目及其方案。

4. 运营管理

(1) 参与主体

NORC-SSP的参与主体多元，包括政府、专业社会工作机构、社区内外的社会组织、健康服务机构、社会慈善机构、房产管理公司、社区老年居民等。其中，政府资助是项目资金的主要来源，50%以上的项目资金来自政府的资助；专业社会工作机构是项目的实际运营机构，在项目运营中起到沟通协调、资源链接等作用；社区内和社区外的社会组织根据自身专业特点为项目提供服务方案设计、执行、融资、公共关系等具体服务；健康服务机构为项目提供专业的医疗健康服务；社会慈善机构是项目资金的又一个重要来源，通过向公众劝募、募集资金并对其进行运作，以实现资金的保值增值，从而为项目提供资金支持；房产管理公司为项目提供场地及设施，同时提供融资等工作；社区老年居民为项目的发掘、决策制定及运行执行等提供志愿服务。上述主体之间的相互关系，如图4-4所示。

一方面，各参与主体之间相互协作、相互补充，在项目运行中发挥各自的专业优势；另一方面，社区内的老年居民在接受服务的同时，通过志愿活动也在提供服务。

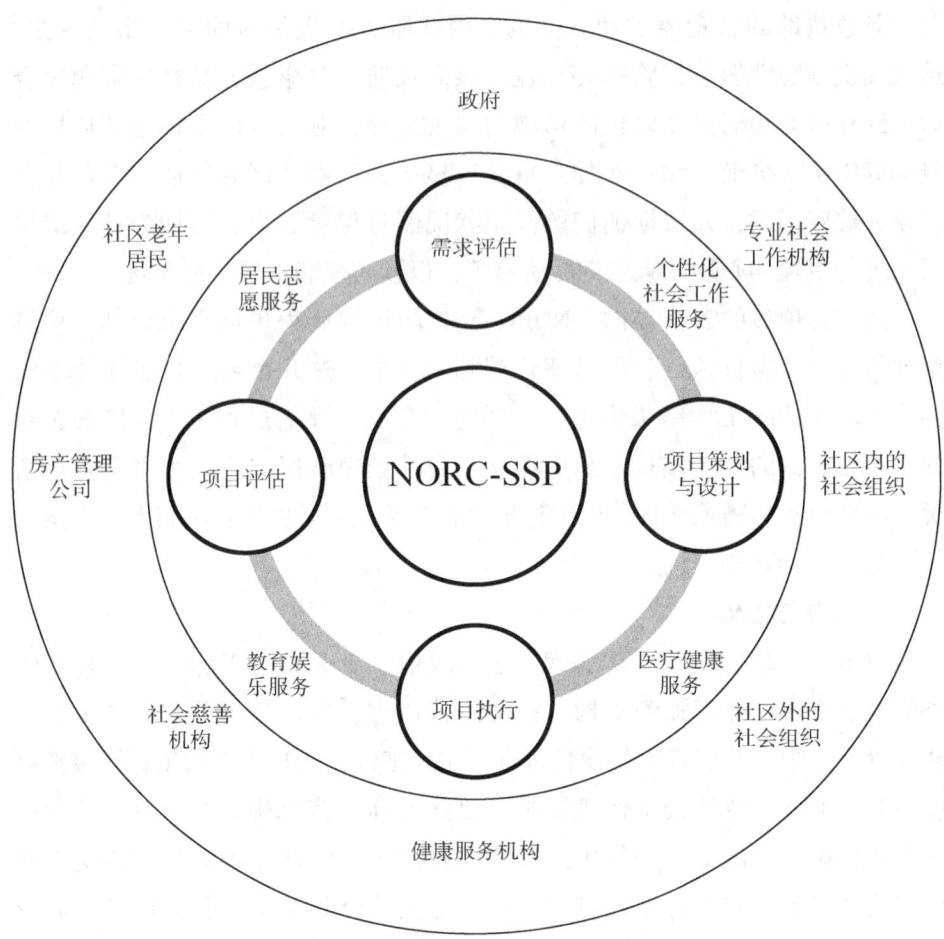

图 4-4 NORC-SSP 的多元参与主体及相互关系

(2) 运营模式

滨南老年项目的成功经验为美国其他地区的 NORC 老年居民服务项目提供了有益的参考和借鉴意义。在滨南社区之后，NORC-SSP 在美国普遍推广。

目前，美国已经形成的 NORC-SSP 主要有以下三种运营模式。

第一种，"居民顾问委员会"模式。在该运营模式中，社区居民代表组成顾问委员会，作为专业服务机构的顾问定期召开会议，商讨各项服务的决策。

第二种，"房产管理者-居民"模式。在该运营模式下，由房产管理公司下设的非营利机构执行决策，在该非营利机构下，房产商和社区居民代表共同组成董事会。

第三种，"分享伙伴结构"模式。在该运营模式下，由各服务提供者和出资者代表组成董事会。

二、英国的社会企业参与社区照顾养老服务

1. 发展及特征

英国的社区企业发端于19世纪30年代，在宗教信仰驱动下为社会底层群体提供教育、医疗、住房的慈善组织被认为是社区企业的萌芽。1844年，罗奇代尔先锋合作社❶的建立标志着英国最早的社会企业的诞生。随着英国福利国家制度的改革，政府大规模退出公共服务领域，同时鼓励和支持社会组织承担更多的社会责任并提供更多的社会服务，使社会企业得到广阔的发展空间。1998年，英国政府与非营利组织部门签署了《政府与志愿组织和社区组织关系协定》，共同承诺约定了双方的合作伙伴关系，对包括社区企业在内的社会组织的发展起到了重要推动作用。2001年，英国政府在贸易与工业部下设社会企业司，专门负责制定促进社会企业发展的相关政策，并于2002年发布了英国政府的首个社会企业战略——《社会企业：一个成功的战略》，为社会企业的发展环境和发展促进措施等做出详细的设计。2004年，英国政府成立专门基金会为社会企业等社会组织提供资金支持。2005年，英国政府成立第三部门办公室专门负责协调政府与非营利组织部门的关系，并于2006年发布《社会企业行动计划——向新的高度进军》，在促进社会企业发展信息支持与保障、融资渠道、企业文化培育及与政府间关系的发展等方面做出了进一步细化。2006年，英国卫生部成立社会企业局专门负责医疗护理领域社会企业的管理工作。

在英国政府的鼓励和支持下，社会企业在英国蓬勃发展，其关注的领

---

❶ 罗奇代尔先锋合作社是1844年12月21日在英国兰开夏郡工业区罗奇代尔城（Rochdal，或译为罗其代尔）创办的合作社。该合作社按股集资开设商店并建立工厂，生产和销售货物，为工人社员提供就业机会并按股份分红。

域广泛涉及贫困、失业、医疗、环保、弱势群体保护等各个方面。其中，参与社区照顾养老服务的社区企业在整体上与其他社会企业具有共同的特征，具体表现如下。

第一，社会效益与经济效益并重的组织目标。社会企业通过提供高品质的产品和服务创造利润，达到特定的经济目标，在维持自身正常运转的基础上解决养老等社会问题，实现社会目标。

第二，商业化的运作模式。社会企业在市场机制规律下，进行独立的经营与管理，通过获得利润维持组织的生存和发展。

第三，多样化的组织形态。第一种形态：员工所有型企业，即由社会企业的员工自我拥有、自我决策的合作社或公司；第二种形态：消费型企业，即由社会企业会员联合而成的生产合作社；第三种形态：理财型企业，即通过为民众或会员提供存储借贷等理财业务的储蓄互助社；第四种形态：产业型企业，即由当地社区设立的为社区内居民提供就业服务的社区企业。

2. 服务内容

英国的社会企业关注的领域非常广泛，其中，侧重社区照顾养老服务的社区企业主要将服务内容集中在常规服务和医疗服务两个方面，如图4-5所示。

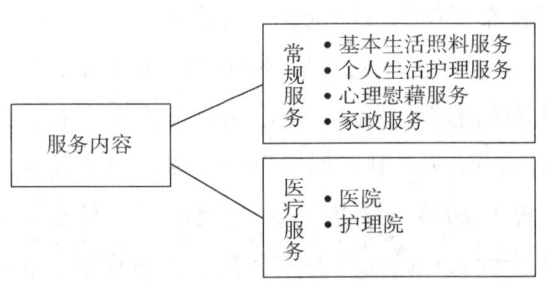

图4-5　英国社区企业参与社区照顾的养老服务内容

社区企业参与社区照顾养老服务的常规服务具体有：第一，基本生活照料服务，如餐饮供应与配送、家居清洁、生活用品代购等；第二，个人生活护理服务，如助餐、助浴等；第三，心理慰藉服务，如心理咨询、感情沟通与宣泄等；第四，家政服务，如家电、家具的维修。

社区企业参与社区照顾养老服务的医疗服务具体有：第一，紧急就医，如送医及办理医院入住等；第二，康养护理，如申请及办理入住有合作关系的护理院等。

3. 运营管理

(1) **政府**

首先，英国政府是社区照顾养老服务的主导者，在基础设施建设和服务补贴上发挥着不可替代的作用。英国政府在国民健康服务体系（National Health，NHS）和成人社会照护体系（Adult Social Care，ASC）的基础建设中发挥了主导作用。NHS是英国福利制度的核心内容，提供三个层次的服务内容，分别为：初级医护服务，该服务由作为政府NHS雇员的专业医护人员提供；预防服务，该服务由地方政府及其所辖地共同提供；医院服务，该服务由地区医院管理局提供。ASC是由地方社会服务机构为成年人提供的一系列照护服务，提供四个方面的服务内容，分别是：老年人的健康辅助器具；社会活动的组织；养老服务资源的链接；老年人的法律援助与服务监督。英国对上述两项基础建设的投入项目涵盖了土地供应、建筑施工、软硬件设施配备等，至2009年财政资金投入总额达到1100亿英镑。另外，英国政府还提供养老服务补贴，即老年人的养老金补贴和照护者的津贴。

其次，英国政府通过制定各种政策引导社会企业的发展。例如《政府与志愿者组织和社区组织关系协定》《社会企业：一个成功的战略》和《社会企业行动计划——向新的高度进军》等一系列政策，促进了社会企业发展信息支持与保障、融资渠道、企业文化培育及与政府间关系的发展，为社会企业参与社区照顾养老提供了良好的政策氛围与社会环境。

最后，英国政府对社区企业的监督管理，具体表现在以下几个方面：第一，对参与社区照顾养老服务社会企业的资质管理。英国慈善管理委员会统一负责非营利组织的注册登记，并对其从事的工作和活动进行监管。第二，对社区企业参与的社区照顾项目的具体监督。由政府对项目的服务内容、服务数量、服务质量等进行审查与评估。第三，对社区照顾养老服务项目的日常监管。英国中央政府的卫生部和地方政府的社会服务部对社区照顾养老服务项目进行专业化监管。其中，中央部负责相关政策的制定、服务项目策划等监管；地方政府的社会服务部负责定期对具体服务过程和结果进行评估。

(2) 社会企业

社会企业参与社区照顾养老的作用集中表现在三个方面：第一，提供照顾服务；第二，提供就业岗位；第三，推动社区建设。

社区企业并不直接为老年人提供服务，而是利用自身的商业运作能力为社区寻找多元化的资源支持，通过整合这些社区资源，推动社区全方位建设以营造适老化的社区环境。

(3) 第三方监管

英国社会企业参与社区照料养老服务的第三方监管机构具体指护理服务质量监管委员会（Care Quality Commission），是对社会服务进行监管且为社会服务提供管理咨询服务的非政府组织。其负责的监督工作主要有：第一，对社会企业参与社区照顾养老服务的资质进行审查，审核社会企业的注册登记信息是否有效，其能力是否符合项目要求；第二，对社会企业参与社区照顾养老服务的中期质量进行检查，调研分析服务是否高效、安全、满足需要、承担了社会责任等；第三，对社会企业参与社区照顾养老服务的后期信息进行公示，向社会公开服务的评价等级结果，接受全社会的监督。

第五章 构建农村日间照料中心可持续发展运行机制

构建农村日间照料中心可持续发展运行机制是一个主体多元化、内容丰富化及层次复杂化的系统工程。它需要从满足农村老年人的实际养老需求出发，从顶层设计一个有效、多维且可持续的农村养老模式，将农村日间照料中心养老模式打造成一项惠及广大农村老年人的民生工程。

农村日间照料中心的构建原则、参与主体、服务内容、政策机制、政府补贴机制及运行机制等方面构成了其可持续发展的基本结构，共同保证了农村日间照料中心运行的效率及可持续性。

第一节 构建原则

一、政府主导原则

构建农村日间照料中心可持续发展运行机制，需要政府发挥主导性作用。虽然政府只是参与主体之一，但是较其他参与主体而言，其拥有社会资源的权威分配能力，在该模式的运行中负主要责任。

1. 政府履职的应有之义

农村日间照料中心是为解决农村留守、空巢、高龄老年人的实际生活困难而建立的以日间"吃饭"为主的民生项目，所提供的公共产品是一种社会福利服务，具有典型的福利性和公益性特征。政府作为社会公益的最终承担者，有责任也有义务在农村日间照料中心的运行机制中扮演组织者、协调者和支持者的角色。

2. 制定政策是具体表现形式

政府在农村日间照料中心可持续发展的运行机制中起着主导作用。具体表现形式是政府通过制定政策为农村日间照料中心提供良好的制度安排和政策法规环境，保证并促进其他参与主体的协同发展。

二、满足需要原则

农村老年人的需要是养老资源和服务供给的前提，是构建农村日间照料中心可持续发展运行机制的重要基础和依据。一方面，目前农村日间照料中心的服务内容以"用餐"和"文娱"两方面为主，满足康养保健、个性化服务等需求才能打破"照料服务内容局限"；另一方面，现阶段农村日间照料中心的服务对象绝大多数为能够自理的老年人，而更需要照料服务的失能失智老年人却被排除在日间照料中心的服务之外。只有满足这部分丧失生活自理能力老年人的养老需求才是农村养老问题得以解决的关键。

因此，在构建农村日间照料中心可持续发展运行机制的过程中，需要遵循满足需要原则，以不同类型老年人的实际需要为出发点，提高农村日间照料服务的有效性。

三、责任共担原则

在农村日间照料中心可持续发展的运行机制下，要求赋予多元参与主体各自不同的权力，在拥有权力的同时也必然要承担相应的责任，即责任和权力要对等。人民政府及相关职能部门、农村日间照料中心运营方——村委会或村老年协会、志愿者及志愿组织、爱心人士或爱心企业等社会力量、保险公司等企业和接受日间照料服务的农村老年人各自承担对应的责任。具体责任分别为：政府及相关职能部门承担政策制定、经济补贴等责任；村委会或村老年协会承担建设、提供照料服务、软硬件维护等责任；志愿者及志愿组织、爱心人士或爱心企业等社会力量承担自身过错过失等责任；保险公司、失能登记评估及专业护理等企业承担合同规定的各种责任；农村老年人承担自身生理健康状况、自身过错过失等责任。上述各参与主体通过政府明确界定的职责范围，建立健全各参与主体之间的常态化联系与沟通机制，实现参与主体之间的良性互动，保障照料服务的可持续供给。

通过参与主体各司其职、各尽其责，实现全社会养老资源的整合及协同发展，从而提升农村地区养老水平和质量。

四、经济适用和资源节约原则

农村日间照料中心可持续发展是一个不断摸索的过程，目前已经由追求发展数量和速度的阶段向规范化与精细化发展并重的阶段过渡。由于我国农村的经济基础薄弱，不同地区又存在较大差异，在这个探索发展过程中不可避免地会遇到困难和障碍。根据中共中央、国务院"乡村振兴战略"坚持因地制宜、循序渐进的原则中"科学把握乡村的差异性和发展走势分化特征，做好顶层设计，注重规划先行、突出重点、分类施策、典型引路。既尽力而为，又量力而行，不搞层层加码，不搞一刀切，不搞形式主义"的要求，农村日间照料中心建设与发展应该遵循"经济适用原则"和"资源节约原则"。

因此，在农村日间照料中心可持续发展的运行机制下，农村日间照料中心的建设不可能一步到位、一刀切，而是有次序、差异化地推进，要结合各地经济、社会、文化、技术等多方面因素进行有序发展。要与经济社会发展相适应，紧密结合地方经济社会发展需求实际情况，考虑地方政府的财政承受能力和区域内农村日间照料中心的发展状况，以及日间照料服务市场的成熟度，既要解决政府"托底"的空巢、留守、孤寡等特殊老年群体最基本的养老需求，也要将个性化、优质化、专业化的照料服务引入日间照料中心以惠及更多农村老年人。照料中心的建设既不能高于经济社会发展的实际，也不能低于经济社会发展的现状，既要立足当下，还要着眼未来。

第二节 基本架构

农村日间照料中心可持续发展的关键是农村老年人照料服务需求和供给的匹配关系。通过优化服务内容和服务方式，提供高品质养老服务。其中，日间照料服务的需求方是农村老年人,即服务对象;日间照料服务的供给方包括政府、村委会或村老年协会、志愿者及志愿者组织、市场化运作的第三方机构等。

一、服务提供者

1. 政府

政府是农村日间照料中心照料服务的主要提供者,包括中央、省、市、县(区)、乡镇、村六个层级的政府及相关职能部门。政府通过制定政策、提供补贴、考核监督等方式,发挥顶层设计、组织、管理、协调、监管的主导作用,是农村日间照料中心照料服务的主要提供者。

第一,以政策法规的形式明确服务提供者、服务对象之间的权利义务关系,明确服务提供者的职责范围,并规范各主体的行为与活动。

第二,合理化资金补贴办法,为农村日间照料中心提供资金支持及其他各项优惠政策。通过完善财政补贴及优惠政策,扩大资金投入范围,吸引社会力量和民间资本进入。

第三,协调对接各服务提供者之间的关系。打破民政、财政、人社、文化体育、司法、消防、质检等职能部门之间的部门壁垒和利益障碍,加强各业务主管部门之间的沟通与合作,使政府职能部门之间形成合力;促进政府及各相关职能部门和其他服务提供者之间的对接工作,以推动农村日间照料中心的可持续发展。例如,加快与村委会或村老年协会、第三方专业机构之间的信息平台建设,建立志愿组织、爱心企业等信息沟通与联络机制。

2. 社会力量

第一,村委会或老年协会。现阶段,村委会或村老年协会是农村日间照料中心照料服务的直接提供者,是绝大部分农村日间照料中心的实际运营方。

第二,志愿者及志愿组织。志愿者及志愿组织是农村日间照料中心照料服务的重要提供者。由于农村不发达的经济和熟人社会的双重特征,通过志愿服务活动为老年人提供定期的日间照料服务,是解决农村养老服务过程中人力资源供给不足的一个可行办法。

第三，爱心人士及爱心企业。爱心人士及爱心企业是农村日间照料中心重要的资金和物资提供者。政府补贴虽然是农村日间照料中心最主要的经费来源，但是补贴不足的现状已经成为制约日间照料服务高质量发展的重要因素。通过社会爱心人士及爱心企业的捐赠，可以拓宽农村日间照料中心运营经费的来源，增加其经费总额，丰富日间照料服务的内容，最终提升日间照料中心服务的品质。

第四，第三方专业机构。第三方专业机构是指市场化运作的企业，主要包括保险、失能等级评估、专业护理、照护知识培训、照护质量管理与监督等专业服务机构，是农村日间照料中心照料服务的专业提供者。由于农村的日间照料服务发展仍维持在低水平、非专业的层次，因此可以根据地方经济社会水平的程度和老年人健康等级状况，逐渐引入第三方专业服务机构，差异化地满足不同农村老年人的实际需求，以提升农村日间照料中心的服务水平。

二、服务对象

农村老年人是日间照料服务的需求方，整个农村日间照料中心的照料服务都是围绕农村老年人的养老现实需求而展开的。根据各地政策规定和调研的实际情况，农村日间照料中心的服务对象一般包括年满60周岁且长期生活并居住在农村的老年人口。其中，高龄老年人、留守及空巢老年人、失能失智生活不能自理的老年人应是其可持续发展中重点考虑的服务对象。

三、服务内容

农村日间照料中心的服务内容以日间餐饮为基础，涵盖了文娱活动、医疗康养、精神慰藉、个人清洁及其他个性服务等不同方面的日常照料服务。

四、服务框架

在构建农村日间照料中心可持续发展的运行机制过程中，最主要的是解决服务由谁提供、提供哪些服务的问题。由于我国农村相对落后的经济社会发展现状，政府和社会力量中的某一单一主体参与日间照料服务的供给都是力不从心的，必须整合多方力量形成合力才有可能共同实现农村养老服务多元化、全方位的供给。具体可以通过政府主导，社会力量多元化参与，以日间餐饮、文娱活动、医疗康养等为日间照料服务内容，为农村老年人提供日间照料服务，构建农村日间照料中心可持续发展运行机制的基本框架，如图5-1所示。

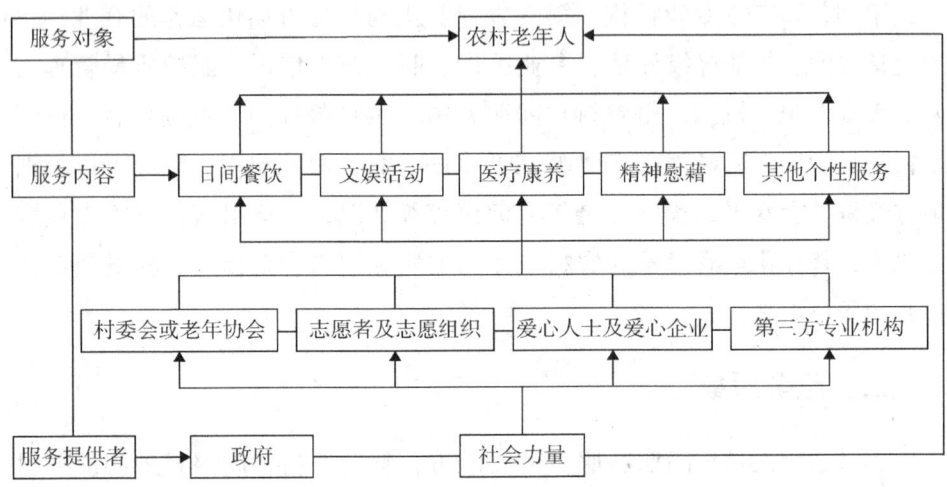

图5-1 农村日间照料中心可持续发展运行机制的基本框架

第三节 政策机制

目前，国家层面关于农村日间照料中心发展的政策仅处在元政策阶段，实践操作中，虽然各地已经开始对具体运营实施方案和管理办法进行探索，但地方层面的实施细则并未成为各地的"标配"，尤其是农村日间照料中心准入条件、建设标准、政府补贴发放、奖惩办法等成体系的政策组尚未建立健全。

结合上述现实中突出的问题，可以从宏观的政策思路和微观的政策内容两个方面进行完善和创新。

一、政策思路

从养老政策在执行主体、惠及人群范围及覆盖的项目内容等方面看，我国的养老政策正在经历从"单一供给"向"多元供给"、从"照顾弱者"向"服务公众"、从"资金救助"向"综合供给"转变的过程中。农村日间照料中心的相关配套政策属于养老政策的一个重要组成部分，同样正在经历上述演进过程，因此需要把握以下政策思路。

1. 科学规划为先导

尽管公共政策是针对现实问题提出的，但它们是对未来发展的一种安排与指南，必须具有预见性。❶在建立健全农村日间照料中心的相关配套政策时，要为未来农村老龄化的高速发展预留空间，超前考虑经济社会与科学技术等的发展趋势，适度提高发展指标，合理设置及调整农村日间照料中心的布局、类型、规模、数量、设施配备、人员队伍、运营方式等。

2. 提高政策执行的转化效率

农村日间照料中心是涉及社会福利的民生工程，正处于亟须政府大力扶持的发展阶段。虽然各地各级政府已经开始陆续在各种养老文件中体现一些推动农村日间照料中心发展的措施，但是在执行过程中往往出现拖延、改变和偏离的现象。例如，农村日间照料中心的政府补贴政策，在实践中通常由省级人民政府及民政等相关职能部门制定，而该政策的实际执行者却是县（区）级基层民政、财政部门。二者之间的分离导致补贴政策背离初衷和地方财力匮乏而受阻，加之配套的评估和监督政策并不健全和完善，政策实际执行者们纷纷行使自由裁量权使政策转化率低下。

因此，政府要从横向和纵向两个维度协调服务提供者之间的关系，协调省、市、县（区）、乡镇、村六个层级的政府及各级相关职能部门之间的利益关系，组织专门力量检查政策的执行情况并督促落实，畅通信息反馈渠道，不断补充完善相关政策，以更好地优化营造农村日间照料中心发展的政策环境。

---

❶ 陈庆云. 公共政策分析 [M]. 2版. 北京：北京大学出版社，2018.

3. 扩大服务对象的惠及范围

在农村日间照料中心的服务对象上要突破现有局限,将丧失生活自理能力的失能失智老年人纳入日间照料服务的惠及范围,实现农村老年人服务需求和供给的合理匹配,保证日间照料服务资源公平、有效地分配和使用,真正解决农村地区老年人在现有经济基础、家庭结构、传统养老观等制约条件下的实际养老问题。

4. 符合市场经济规律

农村日间照料服务的供给可以分为公共产品和准公共产品两种类型。第一种类型是为达到政策规定年龄的所有农村老年人提供的一般性日间照料服务,即纯公共产品;第二种类型是为高龄、丧失生活自理能力等特殊困难老年人提供的个性化日间照料服务,即"俱乐部产品"。

政府与社会主要负责一般性日间照料服务的供给,而个性化日间照料服务则需要市场化的第三方专业机构负责专业化、差异化的日间照料服务供给。这要求明确界定政府、社会与市场的职责范围,规范社会化养老服务行业准入、运营管理、服务等各环节的监管,形成符合市场经济规律的制度环境;还要根据农村老年人的消费能力、消费习惯、需求特征等采用不同的定价策略和政府补贴策略。

二、政策内容

农村日间照料中心的政策可以分别对服务提供者、服务内容及标准、服务方式及服务对象几个维度进行约束与规范,如图 5-2 所示。

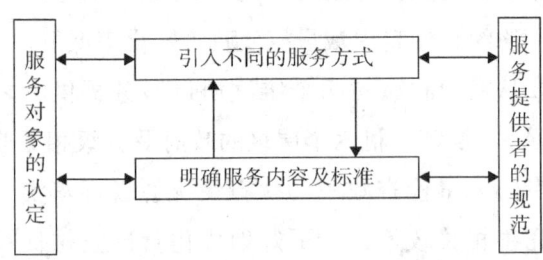

图 5-2 农村日间照料中心的政策运行机制示意

1. 规范日间照料服务提供者的行为

(1) 服务提供者的职责范围

完善政府、村委会或村老年协会、保险企业、志愿者等服务提供者的职责界定政策。政府需要在政策文本中详细列出主要参与主体提供服务的各种具体情形,如各级人民政府制定政策、发放经济补贴;村委会或村老年协会负责建设、提供照料服务、软硬件维护;志愿者提供公益服务;保险企业发挥市场经济作用等。但要注意避免政府为了规避自身风险强行"一刀切",将责任全部转移到其他服务提供者身上。除此之外,还要详细规定越位、失职等情况的惩罚措施,尽可能调动各服务提供者的积极性,实现对农村老年人、村委会、保险业最大限度的利益保障。

(2) 明确日间照料服务提供者的法律主体资格

这里的服务提供者特指农村日间照料中心的实际运营方——村委会。村委会的法律主体资格可以通过下列三种方式明确,使其承担相应的主体责任。

第一,成为具有民事行为能力的特别法人。

2017年10月1日实行的《中华人民共和国民法总则》第三章第四节第九十六条明确规定:"本节规定的机关法人、农村集体经济法人、城镇农村的合作经济组织法人、基层群众性自治组织法人,为特别法人。"2021年1月1日施行的《中华人民共和国民法典》第三章第四节第九十六条沿袭了对"特别法人"的这一认定标准。《中华人民共和国村民委员会组织法》第一章第二条规定的"村民委员会是村民自我管理、自我教育、自我服务的基层群众性自治组织"即《中华人民共和国民法典》第三章第四节第九十六条中的"基层群众性自治组织法人"。同时,《中华人民共和国村民委员会组织法》第二章第九条"村民委员会应当支持服务性、公益性、互助性社会组织依法开展活动,推动农村社区建设"的规定,可以作为村委会运营农村日间照料中心的法律依据。

综上所述,村委会可以通过成为具有民事权利和民事行为能力的特别法人而获得运营农村日间照料中心的主体法律资格,承担相应的主体责任。

第二,成为授权型行政主体。

村委会不是国家机关,同时也没有得到法定授权。因此,目前农村日间照料中心的运营方——村委会尚不具备行政主体资格。但在实践中,村委会已经明显从事着具备行政职能的活动。

根据《中华人民共和国宪法》第一百一十一条"村民委员会……办理本居住地区的公共事务和公益事业"的规定和《中华人民共和国村民委员会组织法》第二章第二条"村民委员会办理本村的公共事务和公益事业"的规定，政府可以通过合法程序，授予村委会行政主体资格，使其成为"授权型行政主体"，从而获得明确的法律身份和地位，以承担相应的法律责任。

第三，引入专业养老机构，实现运营权转移。

专业养老机构可分为非营利性质的社会服务机构和营利性质的公司企业。通过引进第三方专业养老机构，完成运营权的转移与变更，实现运营方法律主体身份的合法化。

现阶段广大农村地区的专业养老的社会服务机构尚未发育成熟，直接引入非营利性社会服务机构的可行性有待进一步论证，但此方法可结合民政部《关于大力培育发展社区社会组织的意见》的要求❶，与农村社区社会组织的发展协同规划。

同时，部分经济社会发展水平较高的地区已经出现了公司化、规模化、连锁化的营利性第三方专业机构。有条件的地区可以借鉴美国NORC-SPP的经验，并结合市场发展成熟度逐步实现农村日间照料中心运营权向营利性第三方专业机构转移。

(3) 日间照料服务提供者的监管

第一，监管办法。一是定期检查与不定期检查相结合。由各级人民政府统筹协调，乡镇人民政府作为直接管理主体，民政、消防、质检等部门作为业务主管联合监督检查。二是日常监督检查与满意度调查相结合。通过对农村日间照料中心的老年人及其家属、村民等进行问卷调查、走访和开展座谈会等，了解群众对农村日间照料中心的真实意见和建议，与日常监督检查共同构成360度立体式监督。

第二，监管程序。业务主管部门对检查主体、标准和结果向社会公示并接受全体村民监督。通过公开、公平、公正的程序对检查结果进行保障，提高政府公信力，提升农村日间照料中心的服务水平。

---

❶ 民政部《关于大力培育发展社区社会组织的意见》中提出了"力争到2020年，农村社区平均拥有不少于5个社会组织"的要求。

第三，奖惩措施。根据上述检查结果，对运营方实行奖惩。首先，将农村日间照料中心的考核结果纳入对村委会与村干部的考核范围内，同时根据考核结果对村委会和相关村干部进行奖惩；其次，采取"以奖代补"的激励措施，对运营方及其负责人进行物质和精神两个层面的奖励，实现"责权利"相一致，调动干部积极性；最后，对考核不合格的农村日间照料中心进行整改，对整改效果仍不明显的进行撤点处理，以实现资源的优化与整合，切实发展更有需要的村子。

2. 明确服务内容与标准

（1）日间照料的服务内容

根据本章第一节构建原则中的"经济适用和资源节约原则"，农村日间照料中心的服务内容和标准要因地制宜、结合实际，不能单纯追求"高大上"，不能搞"一刀切"。

具体服务内容设计思路为：根据当地经济发展水平，实行分类和分级。将农村日间照料中心分为"经济发达地区农村日间照料中心"和"经济欠发达地区日间照料中心"两类；对于"经济发达地区"的农村日间照料中心，服务内容分"核心服务"和"增值服务"两个级别，对"经济欠发达地区"的农村日间照料中心，仅提供最基本的"核心服务"。

核心服务具体指用餐服务，是农村日间照料中心的核心服务内容。农村日间照料中心的建设初衷是解决农村留守、空巢老年人的吃饭等问题。因此，应把用餐服务的质量放在考核首位。

增值服务是指可以满足不同农村老年人需求的个性化、差异化、优质化的各项服务。尤其是有条件的经济发达地区，可根据实际需要升级农村日间照料中心，拓展日间照料中心的服务功能。增值服务的具体内容和形式可以从下列几个方面考虑：第一，为"行动不便"的农村老年人提供送餐、照护等上门服务；第二，对农村老年人提供"助行""助急""助洁""助医"等日间照料服务；第三，根据农村老年人个人差异与喜好，满足其他方面的个性需求服务；第四，为农村老年人提供专业的精神慰藉活动，如心理咨询与辅导等；第五，利用"互联网+"技术，创新线上线下相结合的智慧照料服务。

(2) 日间照料的服务标准

参照民政部《社区老年人日间照料中心建设标准》（建标 143-2010），结合上述服务内容，各地可以进一步制定不同的评估指标和等级。

具体评估指标和等级设定可以围绕服务对象的年龄、经济水平、人数、身体状况，日间照料中心的运行天数、用餐次数、用餐标准、其他服务内容等具体情况进行设定。

例如核心服务，即用餐服务的具体标准可以从以下几个方面考虑：第一，餐饮卫生安全；第二，餐饮标准，营养且符合饮食习惯；第三，全年的开饭时间和每天的顿数。

3. 鼓励政社合作的服务方式

鼓励政社合作，即各级地方人民政府及相关职能部门和村委会或村老年协会、志愿者及志愿者组织、爱心人士及爱心企业等社会力量共同参与农村日间照料中心的建设和运营。在政社合作过程中，各级人民政府负责政策制定、经济补贴等行政管理工作；村委会或村老年协会负责建设、提供日间照料服务、软硬件维护等运营和服务工作；志愿者及志愿者组织等其他社会力量为照料服务提供有益补充；企业发挥市场经济作用弥补"政府失灵"❶和"志愿失灵"❷的不足。

政社合作下的服务方式主要有以下三个方面优势：首先，社会认可度高。依托于人民政府的行政力量、村委会的信誉和其他社会力量的爱心，以政府和社会力量间的相互信任为基础，有良好的互动性。其次，经济成本和风险成本可分摊。根据福利多元主义的理论和实践经验，引入多方参与力量将分摊运营中的人力、财力和物力的投入成本。同时，通过明确的权责划分，各方风险成本也相应减少。最后，政社合作在农村日间照料中心建设与运营的实际工作中已形成雏形，可以在此基础上进一步推进政社合作的深度和广度，以减少"沉没成本"。具体措施有以下三个方面。

---

❶ "政府失灵"也称政府失效，是由于政府行为自身局限等因素导致的社会资源配置的无效状态，这里特指提供农村日间照料服务供给的失效。

❷ 本书中"志愿失灵"特指个人或集体自愿提供日间照料服务过程中的消极状态。

(1) 鼓励社会捐赠

《中华人民共和国企业所得税法》第九条规定："企业发生的公益性捐赠支出，在年度利润总额12%以内的部分，准予在计算应纳税所得额时扣除。"《中华人民共和国慈善法》第八十条规定："自然人、法人和其他组织捐赠财产用于慈善活动的，依法享受税收优惠。企业慈善捐赠支出超过法律规定的准予在计算企业所得税应纳税所得额时当年扣除的部分，允许结转以后三年内在计算应纳税所得额时扣除。"依据国家的相关法律，各地人民政府可以结合自身实际情况出台税收优惠等相关政策及奖励办法，以及开展敬老爱老公益宣传，鼓励支持企事业单位进行公益捐赠，激发个人的捐赠热情。

(2) 发挥志愿服务作用

发掘本村内部村民资源，鼓励他们参与志愿服务，以培育本土的志愿者队伍。学习借鉴雷家坡村和肥乡县互助幸福院的志愿服务经验，以村日间照料中心为平台，定期为村日间照料中心的老年人提供洗衣服、洗床单被罩、打扫房间、理发、按摩、聊天、互动娱乐等志愿活动；鼓励当地企事业单位与照料中心对接，形成长期稳定的志愿帮扶关系。根据单位特点与性质，发挥单位优势开展金融、文艺、医疗、教育等志愿服务活动。

(3) 引入保险服务

借鉴现行养老机构责任险和老年人意外险的缴费金额、保险内容、保额及参保程序等相关规定[1]，引入保险服务机制，促进农村日间照料中心有序、健康地发展。

4. 对服务对象的认定

根据各地现行的政策，农村日间照料服务的对象主要是年满60周岁且长期生活并居住在农村的老年人。其中，高龄老年人、留守及空巢老年人、五保户是重点服务对象。

但是，根据上文提到的照料服务供给与需求并不匹配的实际情况，必须将生活不能自理的失能失智老年人纳入农村日间照料中心的服务范围，

---

[1] 如《中国平安财产保险股份有限公司平安养老机构责任保险条款》中，养老院老人保费为130元/（人·年），死亡伤残限额12万元，每人意外医疗限额1.8万元，由政府统一招投标进行政府采购。

并将其作为重点服务对象。因此，从政策层面上要针对老年人个体的经济状况、年龄和身体健康程度等进行认定，并根据认定结果给予不同的照料服务及补贴。

具体操作是：根据被评估的农村老年人在生活自理能力、认知能力、情绪能力和视觉能力四个维度的得分（表5-1），综合考量其社会生活环境等因素将老年人划分为正常、轻度、中度和重度四个照料等级。在此基础上，结合老年人的基本经济状况和家庭状况，制定农村老年人日间照料服务供给等级评估量表，以此作为细分日间照料服务内容和政府补贴的依据，如图5-3所示。

表5-1 农村日间照料中心服务对象等级评估分值[1]

评估项目	生活自理能力	认知能力	情绪能力	视觉能力
评估分值	正常□0分 轻度依赖□6分 中度依赖□8分 中度依赖□30分	正常□0分 轻度缺失□3分 中度缺失□9分 重度缺失□15分	正常□0分 轻度异常□1分 中度异常□3分 重度异常□5分	正常□0分 中度障碍□6分 重度障碍□50分

经济状况					
	贫困	一级照料/三级补贴	二级照料/四级补贴	三级照料/五级补贴	三级照料/六级补贴
	一般	一级照料/二级补贴	二级照料/三级补贴	三级照料/四级补贴	三级照料/五级补贴
	非贫困	一级照料/一级补贴	二级照料/一级补贴	三级照料/二级补贴	三级照料/二级补贴
		正常	轻度	中度	重度
		自理能力程度			

图5-3 农村日间照料中心服务对象的服务供给等级评估量表

[1] 分值设置参考上海市老年人照料等级评估分值。

第四节 政府补贴机制

一、构建可持续发展的农村日间照料中心政府补贴机制的必要性

1. 农村日间照料服务的属性要求

从农村日间照料中心所提供的服务性质上讲,设计合理的政府补贴机制十分必要。

(1) 社会福利的服务性质决定政府补贴的必然性

公共管理理论认为,政府是管理公共事务的机关。从公共产品产生的角度,称为公共事务,而从公共产品的供给角度,则称为公共服务。❶ 农村日间照料中心所提供的服务对象是"值得帮助的'穷人':老年人"❷,即提供的公共产品是一种社会福利服务。

公共产品是指具有消费的非竞争性和非排他性、自然垄断性及收费困难等特征的物品,除上述特征外还有规模效益较大、初始投资量大的特点。❸

一方面,从竞争性和排他性的角度看,无论是经济发达地区还是经济欠发达地区的农村日间照料中心,一般普遍实行"本村达到一定年龄标准且生活能够自理的老年村民"的准入规定。这一规定正符合本书第二章第二节"公共产品理论"部分所论述的那样:此规定虽然在表面上将年龄条件不符合者排除在外,具有排他性;但从实质上看,每个本村居民都可以在年龄达到一定条件下享受这一服务,且他们之间没有竞争性。因此,为解决农村社区内留守、空巢、高龄老年人的实际生活困难而提供的以日间"吃饭"为主的照料服务,是典型的纯公共产品。另一方面,农村日间照料中心具

---

❶ 马国贤. 公共政策分析与评估 [M]. 上海:复旦大学出版社,2012.

❷ 戴安娜·M. 迪尼托. 社会福利:政治与公共政策 [M]. 5版. 何敏,葛其伟,译. 北京:中国人民大学出版社,2007.

❸ 陈振明. 公共管理学——一种不同于传统行政学的研究途径 [M]. 2版. 北京:中国人民大学出版社,2006.

有的规模经济性❶，也从侧面印证了农村日间照料中心的公共产品属性。

(2) 公共产品的类型细分拓展了政府补贴的划分标准

在实地调研过程中，部分基层干部存在这样的疑问："60岁、65岁、70岁和90岁不同年龄的老年人，在获得补贴上有没有区别？""因为年龄满了60周岁或者70周岁，就给他（她）补贴？100块钱一个月？家里钱多的，儿女挣得多的（老年人）和五保户交一样的钱？……（补贴）应该区别对待。"单纯按农村日间照料中心服务对象人口发放的政府补贴政策是否要进一步细分？老年人个体经济状况的好坏、不同的年龄区间是否可以作为划分不同补贴标准的依据？

公共产品理论很好地回答了上面的问题。❷老年人经济状况的好坏和年龄的高低，是划分纯公共产品与准公共产品的分水岭。如果在未来政策制定过程中形成"路径依赖"❸，认为达到年龄是农村居民获得政府补贴的唯一依据，那么日间照料中心的服务就是"纯公共产品"。以此为基点，农村日间照料中心的补贴政策仍将按人口发放统一的补贴金额；如果在未来政策制定过程中将农村老年人经济状况和不同的年龄段等因素综合考量，此时日间照料中心将成为准公共产品中的"俱乐部物品"，如表5-2所示。

表5-2 公共产品类型的划分（农村日间照料中心的类型及特征）

性质	排他性	非排他性
竞争性	私人物品	公共池塘资源物品
非竞争性	俱乐部物品	纯公共物品

各地根据自身经济社会发展水平和对农村日间照料服务属性的认知，可以因地制宜、因时制宜地对当地补贴政策做出调整，从而形成差异化的补贴政策。

---

❶ 参见本节"由农村日间照料中心运营经费的经济性决定"部分关于"规模经济性导致优惠定价无法覆盖运营成本"的论述。

❷ 具体理论解释详见本书第二章第二节"公共产品理论"部分。

❸ "路径依赖"指由于思维惯性、协调效应、既得利益约束等因素导致原政策沿着原路径继续执行。

2. 农村日间照料中心运营成本补贴的经济必然性

(1) 规模经济性导致优惠定价无法覆盖运营成本

根据微观经济学的观点,在农村日间照料中心建立与运营前期投入巨大的"沉没成本"❶时,在一定条件下,运营的边际成本❷较低。例如,山西农村日间照料中心始建时政府补贴的10万元启动经费和村集体改造的闲置用房、水电暖及厨师工资等一系列支出总和是沉没成本。假如农村日间照料中心的运营情况符合预期,其平均固定成本将大幅度下降,符合规模经济成本弱增性、资产专用性、高沉没成本的特点。正如晋南地区YJ市GY村日间照料中心负责人在访谈中表示:"(厨师)工资1500元/月,人❸多是一个大师傅,人少也是他,还是来上灶❹的人多了划算。缴费的老年人越多,越划算。"这就反映了规模经济的特点。

经济学的已有研究结果表明:当价格水平等于边际成本时,才能实现资源的最优配置,即帕累托最优。然而,农村日间照料中心在追求社会民生福利的过程中,边际成本明显低于平均成本。正是由于农村日间照料中心公共产品的属性而采取边际成本定价❺,造成了实际运营中的亏损,进而出现了运营困难的局面。

因此,为了让农村日间照料中心提高服务质量(伙食标准和其他照料服务)、增加服务数量(老年人数),并可持续地良性发展下去,政府部门需要运用财政手段对其实施补贴政策。

(2) 特惠政策导致市场失灵

为了体现对老年人权益的特殊保障,凸显体现公益性和福利性,农村日间照料中心运营方实行低价,甚至是免费的定价策略,以增加其正外部效用。但是,如果对享受照料服务的农村老年人实行特惠政策,优惠定价将使农村日间照料中心无法获得其相应收益,从而造成照料服务数量和质

---

❶ "沉没成本"指已经付出且不可收回的成本。
❷ "边际成本"指每一单位新增的照料服务带来的总成本的增量。
❸ "人"指"村日间照料中心的老年人"。
❹ "上灶"意为"在村日间照料中心用餐"。
❺ 这里的"边际成本定价"仅是实际"老年人优惠价格"追求的理想状态,实际定价往往还低于边际成本定价,如山西晋中地区ZQ县XNZ村1元/(人·天)的定价。

量低于社会最优水平,导致市场调控机制失灵。

从经济学的视角分析,在农村老年人支付照料服务费用既定的前提下,农村日间照料中心运营方获得的利润小于产生的社会效益,则会造成其照料服务质量下降(如运营时间的压缩、用餐顿数的减少、饭菜品质的降低等现象)。

如图 5-4 所示,P_p、P_m、P_w 是等价曲线,分别为以运营结余最大化为目标,以优惠定价和社会福利最大化为目标的价格;π_q 是一定照顾服务质量下,照顾老年人数的边际利润;W_q 是一定照顾服务质量下,照顾老人数边际社会福利;π_A 是照顾老人数一定情况下,照顾服务质量的边际利润;A 是运营方的服务供给,即照顾服务质量;Q 是照顾的老人数量;P 点是以经济利润最大化为目标的均衡点,对应的均衡照料服务供给和均衡老年人数分别为 A_P、Q_P,W 点是以社会效益最大化为目标下的均衡点,对应的均衡照料服务供给和均衡照料老年人数分别为 A_w、Q_w。其中,$A_P<A_w$,$Q_p<Q_w$。如果农村日间照料中心以追求利润最大化为目标,则其提供的照料服务供给和老年人数均低于社会最优条件下的均衡服务质量和老年人数。

P_P、P_w 分别为利润最大化和社会福利最大化下的等价曲线。假设农村日间照料中心的优惠价格为 P_m,$\pi_p=0$ 与优惠价格 P_m 的交叉点为 N,相对于交叉点 P,农村日间照料中心的服务质量和老年人数则相对减少。为了维持正常运营甚至盈利,运营方的照料服务质量很可能会大打折扣,最终导致老年人数的减少和运营的终止。

为了保证农村日间照料中心老年人的数量,优惠价格为 P_m 时,假设运营方提供高于 A_m 的服务质量和水平,则会造成运营成本的增加,见图 5-4 中的 A'。与此同时,农村日间照料中心在事实上较多实行"低价"策略,则 K_q 斜率相对小,导致老年人数越多缴费收入越无法覆盖实际运营成本的规模不经济局面,造成运营亏损。这一经济学分析结论也在笔者的实地调研中得到证实。[1]

---

[1] 参见本书第三章中"运营经费无法覆盖运营成本"部分。

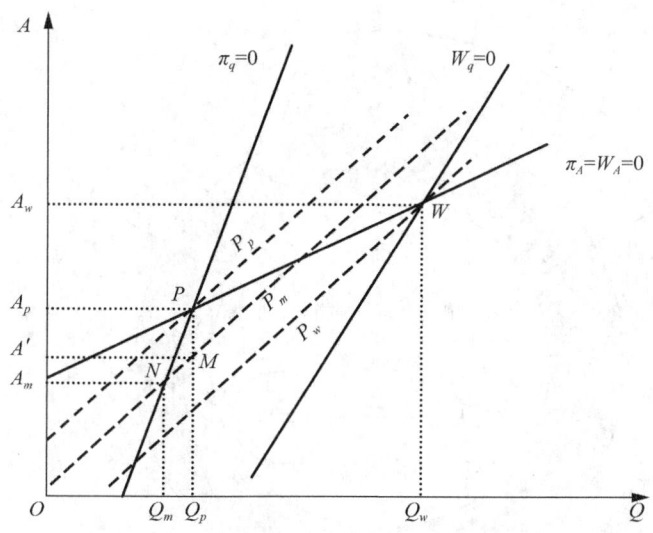

图 5-4　等价曲线与优惠价格下的均衡条件

综上所述，可以得出这样的结论：政府对农村日间照料中心的补贴是必要的，因此构建可持续发展的政府补贴机制是十分必要的。但需要指出的是，政府在继续提供补贴的过程中，需要根据不同的运营效率，即照料服务质量和照料服务数量进行差异化补贴。[1]

二、政府补贴策略的规划

在构建农村日间照料中心可持续发展的政府补贴机制必要性论证的基础上，具体的政府补贴标准、额度和方法成为政府补贴机制设计的又一重要议题。本部分将围绕政府补贴策略的影响因素、技术路径和具体补贴方式展开探讨。

1. 政府补贴的影响因素

政府补贴是政府根据特定需要向企业或个人提供的无偿补助[2]，属于政府转移性支出，受到内部和外部环境的共同影响和制约。农村日间照料中心的政府补贴策略同样受到内外部环境的影响，如图 5-5 所示。

---

[1] 详见后文"3. 政府补贴的方法设计"中的论述内容。

[2] 陈振明. 公共管理学——一种不同于传统行政学的研究途径 [M]. 2 版. 北京：中国人民大学出版社，2006：380.

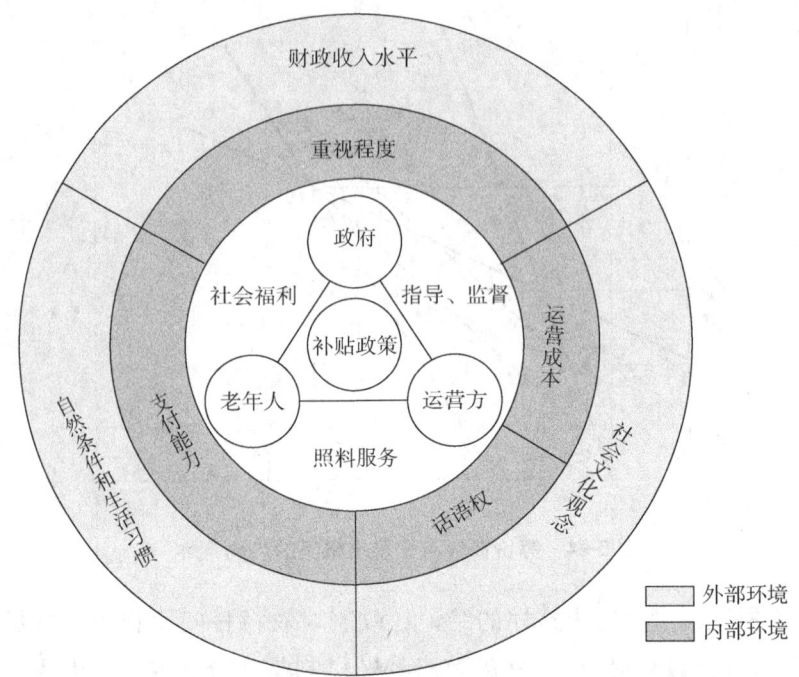

图 5-5　农村日间照料中心政府补贴的影响因素

(1) 外部因素

第一，财政收入水平，这是落实补贴政策的前提基础。农村日间照料中心在多地出现运营情况差异的重要影响因素根源于各地财政收入水平的不同。例如，山西晋中地区 ZQ 县 2017 年财政收入完成 71 992 万元❶，晋北地区 YG 县 2017 年财政收入完成 12 352 万元。❷ 与此财政收入水平相对应，ZQ 县财政配套补贴平均每个农村日间照料中心 5 万元/年，YG 县财政配套补贴平均每个农村日间照料中心仅 1 万元/年。

第二，自然条件和生活习惯。山西晋北地区 DT 县位于东经 113°20′~113°55′，平均海拔 1157 米，年平均气温 6.4℃，秋季温差大，冬季寒冷，冰雹、冻害等灾害性气候出现频繁。在此自然条件下，烧炕取暖是每家每

---

❶ 数据来源于 ZQ 县 2017 年财政预算执行情况和 2018 年财政预算草案的报告。
❷ 数据来源于关于 YG 县 2017 年预算执行情况及 2018 年预算的报告，http://www.dtyg.gov.cn/dtzww/czyjs40/201805/245bef3d18fa4b3ab0c621ccb3b2d154.shtml

户的生活习惯，烧炕的同时炉火资源解决了一整日的做饭问题；同时，做饭开灶解决了家庭取暖问题。在这样的自然条件和生活习惯影响下，DT县适龄老年人对日间照料中心用餐服务的需求数就相对较少，导致持续运营的规模不经济。实际调研中，该县内农村日间照料中心有较强的"去食堂化"倾向，正是对这种影响因素的验证。

第三，社会文化观念。有调查数据显示，对于德孝文化在农村日间照料中心建设和运行过程中发挥的作用，高达92.2%的人认为"非常重要"，另外7.8%的人选择了"重要"。[1]根植于关公文化、根祖文化、盐文化、德孝文化等地域文化的雷家坡村日间照料中心、位于文化名城邯郸市肥乡县互助幸福院和宗族文化背景下的泉州地区农村日间照料中心，都是在地方传统社会文化观念的深远影响下发展起来的。

(2) 内部因素

第一，当地政府的重视程度。这是决定农村日间照料中心补贴是否到位、运营是否正常的关键因素。例如，芮城县民政局早在2014年7月已出台《日间照料中心资金管理规定》，对农村日间照料中心建设补助资金制定了10条管理办法；2017年4月，稷山县政府制定出台了《稷山县农村社区老年日间照料中心建设与运行管理办法》和《稷山县农村社区老年日间照料中心建设与运行绩效考核补贴办法》等，实践结果证明政府补贴到位率和运营情况均表现良好。

第二，运营方的话语权。运营方与政府的互动关系一定层面上影响补贴额度和及时到位的程度。例如，晋南地区LY县发放补贴的方法是根据绩效考核结果按四级进行差异化发放。其考核标准主要由运行时间、照料服务人数和服务活动内容三个方面组成。但该考核办法及相应的补贴标准尚未形成制度性文件，人为决定因素相对较大，因此运营方的话语权在这种情况下起到的影响性作用不可低估。

第三，运营成本。理论上，农村日间照料中心补贴额度的决定因素是运营成本。例如，晋南地区YJ市ZX村和GY村的厨师工资同为1500元/月，而

---

[1] 李辉. 农村老年人日间照料中心建设和运行研究——以山西省盐湖区为例[D]. 太原：山西财经大学，2015.

ZX 村为提高餐饮水平采取自助餐式的伙食标准,雇用 2 名厨师的运营成本明显高于 GY 村 1 名厨师的运营成本。因此,类似于用餐人数多、照料标准高的 ZX 村的照料中心负责人均会提出"(补贴)要差别对待"的要求。❶

第四,农村老年人的支付能力。日间照料服务作为一项公共产品,为保证其普惠性,必须要考虑到农村老年人的可支配收入水平。笔者在 2018 年实地调研时了解到,当时晋北的一些国家级贫困县,全家 5 口人一天的伙食支出为 1 元(购买 1 元豆腐和自家种植的土豆和菜炖一锅烩菜,5 口人吃一天),1 元/(人·天)的收费标准也已超出其支付能力。

综上所述,政府财政收入水平及重视程度、当地社会文化观念、自然条件和生活习惯、运营方的话语权、运营成本、农村老年人的支付能力等影响因素均需纳入政府补贴策略的考量范围中。

2. 政府补贴的技术路线

政府补贴技术路线可根据上文中对公共产品类型细分的论述分别进行规划,对普通老年人和特殊困难老年人的补贴策略分别设计普惠型补贴路径和特惠型补贴路径,如图 5-6 所示。

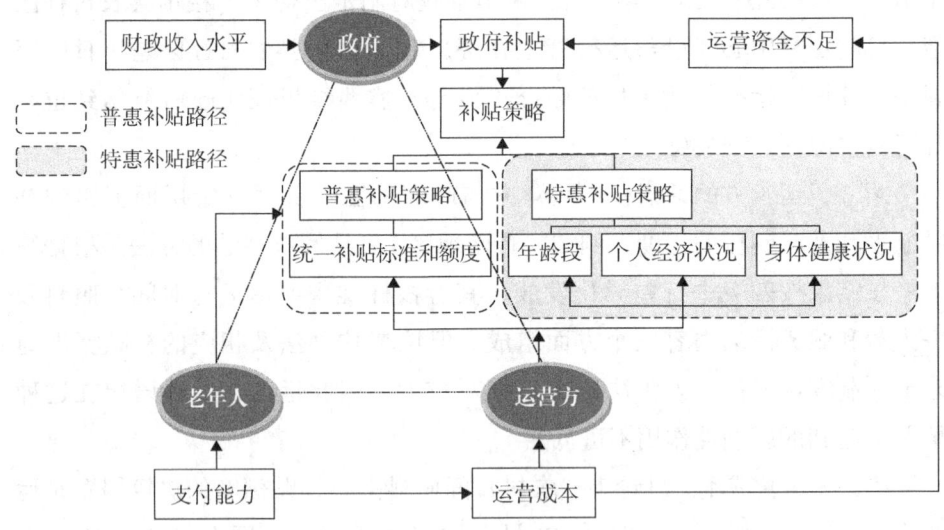

图 5-6 政府补贴与补贴联动机制技术路线

---

❶ 详见附录 3。

(1) 普惠性政策下的补贴路径

在补贴政策制定中，如果将农村日间照料中心的服务认定为纯公共产品，那么年龄标准则成为补贴的唯一依据，老年人的补贴金额按统一标准执行。

(2) 特惠性政策下的补贴路径

如果将农村日间照料中心的服务认定为"俱乐部产品"，那么农村老年人经济状况的好坏、年龄高低和身体自理程度则成为补贴的综合性依据。此时，农村日间照料中心的补贴政策演变为差异化补贴政策。其中，实际补贴系数或金额由当地政府及相关职能部门根据各项内外部影响因素共同商定。

在考虑上述两种政府补贴路径的同时，可以将运营时间（天数）、服务的老人数、服务内容等作为评价项目，制定出政府—运营方—老年人三方联动的动态平衡补贴政策。

3. 政府补贴的方法设计

固定补贴法是目前各地普遍使用的补贴方法；成本补贴法和资本补贴法是根据补贴策略的影响因素、技术路径设计出的新补贴方法，用以弥补固定补贴的不足，多元化地解决政策补贴中存在的问题。

(1) 固定补贴法

固定补贴法，是多数地方现行的政府补贴方法。它是指政府根据自身财政能力水平给予既定补贴额度，属于事前补贴的一种方法。该补贴方法体现了政府的公共服务性，是当前各地各级人民政府及其职能部门关注民生、解决农村养老问题的具体表现。

但是该补贴方法容易导致补贴过度或补贴不足两种情形的出现。一方面，一些农村日间照料中心的实际亏损额无法通过固定补贴额进行覆盖，出现政府补贴"不足"；另一方面，部分自身融资能力强、村集体经济补贴水平高的日间照料中心，政府补贴又会"过度"。因此，此方法适用于相关考核评估制度完善的地区，否则将导致政策补贴的负激励性。

值得注意的是，一些地区固定补贴通常安排在年度末发放，违背了固定补贴事前发放的原则。发放周期滞后于运营使用资金的周期一个自然年，使运营方在财政补贴到位前"四处借钱""个人垫付",严重影响了运营方的服务能力和精力。发放的时间需要相关部门在实际工作中具体落实、严格执行,以符合固定补贴这种补贴方法的原有之意。

(2) 成本补贴法

成本补贴法,是一种事后补贴的方法,指在会计审查制度下,对各农村日间照料中心总运营收入与总运营成本的赤字差额给予全部或部分补贴,是一种最简单的保障收支平衡的补贴方法。农村日间照料中心的成本补贴公式如下:

$$Y = C - \sum_{n=1}^{n} (knp + I + D) \qquad (5-1)$$

其中,Y 为政府补贴的实际金额(单位:元/年),C 为农村日间照料中心运营方的总支出(包括水电暖、人工费、饭菜成本等),n 为照顾服务的老人数,p 为农村老年人缴费标准[单位:元/(人·年)],k 为缴费调整系数(根据普惠和特惠政策的不同得到的差异化补贴比率),I 为村集体经济补贴,D 为社会捐赠及其他经费。

例如,甲村日间照料中心2019年全年运营11个月(除过年放假7天),老年人数25人,水电取暖费5000元/年,厨师1500元/(月·人)×1人×12月=18 000元,管理人员150元/(月·人)×2人×12月=3600元,伙食成本2元/(人·天)×(365天-7天)×25人=17 900元,其他支出2000元,村集体经济补贴10 000元/年,老年人缴费标准为60元/月,缴费调整系数为1。❶ 把各村的实际数据代入公式:甲村农村日间照料中心运营方的总支出 C=水电取暖费5000元/年+厨师18 000元/(月·人)×1人×12月+管理人员3600元+伙食成本17 900元+其他支出2000元,甲村农村日间照料中心运营总收入 $\sum_{n=1}^{n}(knp+I+D)$ =[老年人缴费标准60元/(月·人)×老年人数25人×12月+村集体经济补贴10 000元+社会捐赠及其他经费0元]。根据公式计算得 Y=(5000元+18 000元+3600元+17 900元+2000元)-[60元/(月·人)×25人×12月+10 000元]=46 500元-

---

❶ 普惠政策下实行无差异化补贴,因此此时缴费调整系数 k 为1。

28 000 元=18 500 元。甲村日间照料中心可获得政府补贴的实际金额为 18 500 元。

乙村日间照料中心 2019 年全年正常运营（除过年放假 7 天），老年人数 25 人，水电取暖费 5000 元/年，厨师 1500 元/（月·人）×1 人×12 月＝18 000 元，管理人员 150 元/（月·人）×2 人×12 月＝3600 元，伙食成本 2 元/（人·天）×（365 天–7 天）×25 人＝17 900 元，其他支出 2000 元，村集体经济补贴 15 000 元/年，社会捐赠物品折合 800 元，70 周岁以上老年人（共 15 人）缴费标准为 100 元/月，60 周岁以上（10 人）缴费调整系数为 70 周岁以上的 1.2 倍。根据公式计算得 $Y=$（5000 元+18 000 元+3600 元+17 900 元+2000 元）－[1.2×100 元/（月·人）×10 人×12 月+100 元/（月·人）×15 人×12 月+800 元+15 000 元]＝46 500 元–48 200 元＝–1950 元。政府补贴的实际金额 Y 为负数，其运营收入可以覆盖运营成本，因此乙村日间照料中心不需要政府补贴。

该补贴方法体现了运营总收入与实际总成本之间的差值，当农村日间照料中心运营出现亏损时政府才予以"亏损全补"的补贴机制，其补贴金额为 Y；当农村日间照料中心运营能力强，可以实现收支平衡甚至结余，即 $Y<0$ 时，政府无须对其进行补贴，或者可以降低对其的补贴额度。

需要注意的是，虽然成本补贴方法可以最大化地节省政府的公共财政支出，但是由于现实中经济理性和人对利益的最大追求，该补贴方法不能充分调动运营方积极性。如果在监管体制不完善的情况下采取这种补贴方法，政府和运营方的信息不对称将导致成本收入核算存在巨大偏差，运营方的"表面亏损"会越来越大，政府补贴额会越来越多。因此，该补贴方法的应用范围仅限在监管制度完善、会计审查到位的地区。

（3）**资本补贴法**

资本补贴是指政府通过制定和执行无息贷款、政府贴息、免抵押贷款等优惠政策，对潜在需求高、运营条件好的地区实行帮扶的一种方法。其适用于日间照料中心的初建和启动阶段，是现行建设启动资金的补充方法。

目前，各地对农村日间照料中心的建设补助资金投入巨大，给公共财政带来了不小的压力。例如，肥乡县的互助幸福院仅 2013 年一年的建设补助投入就高达145万元；又如，2017年、2018年山西省新建农村日间照料中心各600个，建设补助金两年超过1亿元。

同时，资本补贴与现金补贴相比，主动借款和被动收款对运营方产生的心态存在重要差别。采用资本补贴方法可以从一定程度上改变运营方被动"等、靠、要"的心态，提高其运营主动性，既达到优惠目的又调动其积极主动性。

（4）其他补贴

第一，扶贫资金切块。

农村日间照料中心的重点服务对象是农村留守、空巢和高龄老年人等，与我国脱贫攻坚的目标有重合，具有极强的兼容性。农村日间照料中心的建设与发展，可以结合当地扶贫工作从专项扶贫资金和扶贫项目收益中划拨运营补贴。

例如，2017年山西省民政厅与山西省扶贫开发办公室已联合下发《关于确定移民新村建设农村老年人日间照料中心试点村的通知》，要求"配套安排村级光伏电站，每20千瓦补助10万元，统一从切块到县的专项扶贫资金中解决。光伏电站收益用于解决农村日间照料中心的运营费用"。这是扶贫工作与农村日间照料中心的建设与发展相结合的有益尝试，开创了一种新的可持续的补贴思路。

第二，指定餐饮服务点。

通过将农村日间照料中心指定为一些餐饮服务的专用提供点，使日间照料中心获得经营性收入，以补贴其日常运营。

在实践中，部分农村的红白喜事组织已经制定村规民约，将村中红白喜事的餐饮服务统一指定外包给本村的日间照料中心。一方面，日间照料中心的老年人可以在红白喜事办理期间免费用餐；另一方面，日间照料中心通过承揽此类业务取得经营性收入，用于补贴日常运营。

在实地调研中，部分扶贫工作人员的用餐地点选择就近的村日间照料中心。例如，山西晋中地区ZQ县XNZ村第一书记及其他驻村的扶贫人员缴纳10元/（人·天）的伙食费，为该村日间照料中心提供了长期稳定的经营性收入，间接补贴了该村日间照料中心。

此种指定用餐服务提供点的方式，可以为农村日间照料中心拓宽收入来源，多样化补贴了日间照料中心。

表 5-3 列出了不同补贴方法的对比。

表 5-3 不同补贴方法的对比

补贴方法	优点	缺点	适用范围	实施情况
固定补贴	实际执行经验丰富；集中体现政府的公共服务性	容易导致补偿过度或补偿不足	配套评估分级制度和固定补贴分级制度完善	现行补贴方法
成本补贴	最简单的保障收支平衡的补贴方法；精准化；差异化	运营方积极性调动能力不强；成本收入核算存在较大偏差的风险	监管制度完善；会计审查到位	未来可推广使用
资本补贴	节约公共财政现金；调动运营方主动性	需与政府多部门协调；需与金融机构协调	日间照料中心的初建和启动阶段	未来可推广使用
其他补贴	拓宽资金来源渠道	创新方式有待探索尝试	因地制宜；因时制宜	未来可推广使用

提供社会福利服务是政府的基本职能，科学合理的政府补贴机制是农村日间照料中心可持续发展运行机制的重要保障内容之一。在优化选择政府补贴的具体方法时，可以根据实际的影响因素实行固定补贴、成本补贴、资本补贴及其他补贴方法，最终实现公共财政支出效率最大化与农村日间照料中心可持续发展的双重目标。

第五节 运营机制——基于风险分担的视角

一、构建农村日间照料中心风险分担运营机制的必要性

1. 风险分担的概念和原则

风险分担是指对可能导致未来损失或收益有关的责任的界定和划分，通常分为主体独自承担和共同承担两种方式。主体独自承担风险时，需要确定最优风险承担主体；共同承担风险时，需要确定各参与主体承担的风险内容和比例。

第一，风险与收益相一致原则。风险与收益是相对的，参与主体可根据其承担风险的范围和比例获取相对应的收益。如果参与主体承担了一定比例的风险，则需要用相应的收益抵消这部分风险。该原则下的运营可以激发参与主体的积极性，反之则会抑制参与方的积极性。在实地调研中发现，个别村干部缺乏责任心，勉强维持中心运转只是为了应付上级检查。导致这种现象的主要原因集中在以下几个方面：担心老年人突发疾病及人身意外伤害；食品、消防等安全方面发生问题；承担超出自身能力范围内的责任。当村委会或村老年协会作为农村日间照料中心的运营方是风险承担的第一责任人时，其自然会寻求由此风险带来的对应收益，包括经济利益、社会名誉和政治等方面的收益。但在目前没有相关鼓励政策的条件下，运营方的负责人必然会做出自然人趋利避害、规避风险、逃避责任的行为，在实践中表现为勉强维持或关停村日间照料中心，最终形成阻碍农村日间照料中心发展的人为因素。

第二，风险由抗风险能力强的参与主体承担原则。在没有突发事件的情况下，政府一般承担政策制定、经济补贴等基本风险；建设、运营、维护等风险由运营方承担。但在现实中，政府和其他参与者在资源能力上存在天然差异，政府的风险承受能力天然地优于其他参与主体。因此，将风险全部分摊给抗风险能力强的政府承担，能够最大程度上降低风险成本，否则容易造成农村日间照料服务供给的中断。假设C村日间照料中心某名80岁老人在日间照料中心如厕时不慎摔倒，产生5万元医药费，此时这5万元便是风险成本。由于农村日间照料中心在运营过程中本身就资金不足、支付能力有限，抗风险能力低，如果将风险成本推给运营方——村委会或村老年协会，那么C村日间照料中心很可能陷入困境，运营停滞，同时老年人得不到应有补偿。但如果将5万元风险成本转移到当地人民政府或相关职能部门（如民政）身上，那么C村日间照料中心才有可能继续运营，老年人才有可能得到相应的实际补偿。实践证明，此假设情况往往在解决具体纠纷时成为现实，这就是该原则下典型的中国式纠纷处理方式。

2. 风险分担的必要性

根据上述风险分担原则在现实中带来的实际问题，分担运营方和政府的运营风险十分必要。

第一，分担运营方风险的必要性。农村日间照料中心的服务对象以60周岁以上的农村老年人为主，这一群体在经济、生理和心理方面较普通人群更加脆弱，照料服务供给过程中涉及的人身等安全性风险相对较高。例如，农村日间照料中心的实际运营方承担了老年人人身意外、工作人员工作过失、运营中资金不足等各种风险，需要通过劳动合同、志愿服务协议、保险合同等形式的保证，与政府、志愿组织、企业、老年人及其家庭共同分摊风险。

第二，分担政府风险的必要性。政府虽然以公共利益作为追求目标，但也有其自身的特殊利益。[1]农村日间照料中心的建立与发展，既非完全的社会自发行为，也非纯粹政府强制的过程，而是一个自发发育和政府推动相结合的过程，也是一个政府不断减少干预的过程。这就需要通过其他参与主体共同分担政府及其职能部门责权以外的风险，最终跳出"有问题找政府"的纠纷处理方式的怪圈。

二、运营模式的规划与设计

1. 风险独担的运营模式

风险独担的运营模式是指农村日间照料中心的责任全部由运营方——村委会或老年协会独自承担的运营模式，即目前普遍实行的运营模式。该运营模式现存的主要问题如下。

第一，资金缺乏，抗风险能力差。在政府对农村日间照料中心的财政支持力度有限、自身造血能力有限的情况下，运营过程中的最大制约因素是资金不足。在笔者访谈的11个农村日间照料中心负责人中，83.3%的负责人均提到"资金不足""缺钱""补贴不够"等关键词，可见资金不足是

---

[1] 陈振明. 公共管理学——一种不同于传统行政学的研究途径 [M]. 2版. 北京：中国人民大学出版社，2006.

目前运营过程中排名第一的问题。❶ 在运营经费难以保证的情况下，一旦发生事故，抗风险能力几乎为 0。

第二，主体责任不清。由于村委会法律主体资格缺失，即没有与老年人签订服务协议、与社会捐赠签订捐赠协议、与保险公司签订合同的主体资格，因此也会削弱风险抵御能力。

第三，对政府的依赖性强。农村日间照料中心运营方本身风险抵御能力脆弱，加上"有问题找政府"的惯性思维，以及其法律主体资格缺失下风险的空档往往由政府或相关职能部门❷来填补的现实惯例，造成政府额外风险成本和压力增加。

2. 风险共担的运营模式

风险共担运营模式的设计理念是：将抗风险能力较弱的农村日间照料中心实际运营方的责任和风险分摊到政府、运营方、保险企业和农村老年人及其家庭多方身上，是对现行风险独担运营模式的改良。这是当地乡镇人民政府、运营农村日间照料中心的村委会或村老年协会、第三方专业机构、保险公司等企业和接受照料服务的老年人共同分担风险的运营模式。在该模式中，乡镇人民政府需要承担政策制定、经济补贴等基本风险；村委会或村老年协会、第三方专业机构承担建设、提供照料服务、软硬件维护等运营风险；保险公司等企业承担合同规定的各种法律风险；农村老年人及其家庭承担自身生理健康状况、自身过错过失等风险。

（1）主要优势

第一，社会认可度高。该模式依托于当地人民政府的行政力量、村委会或村老年协会的信誉、第三方专业机构及保险企业的专业、对接受照料服务的农村老年人及其家庭基本情况的熟悉和了解，以政府、村委会、企业和老年人多方的相互信任为基础，有良好的群众基础。

第二，较强的自主性。村委会或村老年协会、第三方专业机构等作为日间照料中心的运营方，虽然受到政府及相关职能部门的监督，但其提供服务的内容和形式、人员的使用和安排、资产的处置等完全自主。在风险

---

❶ 问卷调查中数据结果可参见本书第三章第三节的表 3-5。
❷ 大多数情况下是民政部门。

承担比例下降的情况下,其运营负担减少,可以调动其活力以拓展服务人群、提供增值服务、劝募等活动。

第三,实际工作中已形成雏形。该模式建立在当前农村地区最基本的运营方式基础之上,部分农村日间照料中心已经在实践中摸索出了运营方-老年人双方风险共担的方法及经验。在农村老年人接受照料中心服务之前,村委会或村老年协会和老年人及其儿女必须签署"承诺书",声明如果发生突发病症或自身造成的意外情况,均与运营方无关,如图5-7所示。在风险共担运营模式的规划中,可以将这种双方风险共担方式发展为多方风险共担方式,以解决由于"风险厌恶"所带来的运营困境问题。

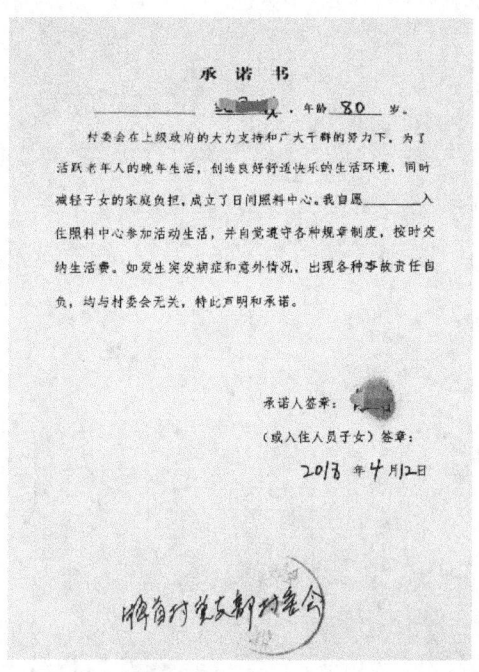

图5-7　接受日间照料服务的老年人与村委会签署的"承诺书"

(2) 运行中可能出现的问题

第一,运营动力不足。虽然该模式将农村日间照料中心运营方风险分摊到多方身上,但运营方的收益仍未得到体现。基于风险与收益相一致的理性考量,农村日间照料中心的负责人很难从制度约束的角度最大限度地降低运营成本、提升照料质量水平。农村日间照料中心能否维持良性运营,更多的是靠负责人本身的奉献精神和工作能力。如果他们为了减少工作负担和自身风险，就会出现动力不足、积极性不高的现象，导致日间照料中心低效运行。

第二，在探索运营方式的过程中"试错成本"增加。假如实践中政府、运营方、企业、老年人及其家庭接受并推行该运营模式，这将是一种创新尝试，将不可避免地出现"试验失败"的风险，在运营中有可能出现不科学、不合理的运营方式。

第六章 回顾与展望

第一节 研究结论

在农村人口老龄化加剧但经济社会发展水平相对滞后的背景下，本书通过定量与定性等研究方法，以农村日间照料中心为研究对象进行研究，围绕农村日间照料中心的发展现状、运营困境及原因、国内外成功经验和可持续发展运行机制等问题进行分析，得出以下几个方面的结论。

第一，农村日间照料中心在我国广大农村地区的发展具有现实的必要性。它应对农村空巢、留守及高龄老人日益增多的严峻局面，弥补了传统的家庭养老模式和机构养老模式的缺陷，为农村老年人提供了成本低廉的日常生活照料服务。

第二，农村日间照料中心在农村地区的发展具有实践上的可行性。在各级人民政府及相关职能部门的主导下，全国范围内已经建成了大量的农村日间照料中心，基础设施建设已基本完成；相比养老院这样的"院舍化"照顾，不离开熟悉生活环境的照料方式更容易被农村老年人及其家庭所接受；以"吃饭"为最主要照顾内容的养老服务，可以解决农村老年人最实际的生活问题，同时为老年人的照顾者（即家属）提供了喘息机会；能够利用农村熟人和半熟人社会的优势，调动社会力量共同参与。

第三，农村日间照料中心在农村地区的发展需要一套完整的机制作保证。在国外经验不可以全盘复制、国内经验尚不够成熟的前提下，构建我国本土化的农村日间照料中心可持续发展运行机制只能在探索中前行，因此需要遵循政府主导、满足需要、责任共担和经济适用及资源节约的原则，因地制宜、因时制宜地借鉴国内外成功经验，有针对性地解决现阶段专业化程度不高、服务对象局限、道德风险危机等问题，完善法规与政策，以及补贴、风险等运行机制，推动农村日间照料中心的可持续发展。

根据以上结论，本书提出农村日间照料中心可持续发展的对策建议如下。

第一，打造政社合作模式。政府、村委会或村老年协会、专业第三方机构、保险等企业、志愿者及志愿组织等多方共同参与运营农村日间照料中心。政府需要建立健全农村日间照料中心的各项政策，尤其是具体实施方案与办法，发挥主导作用；村委会或村老年协会、第三方专业机构负责建设、提供照料服务，进行软硬件维护；志愿者提供公益服务；保险企业发挥市场经济作用等。通过法律程序进入农村日间照料服务的利益表达、参与、协商和评议等过程中，实现利益共享和分享共担的治理局面。

第二，明确运营方的法律主体资格。让村委会明确自身是具有民事行为能力的特别法人，或者将村委会或村老年协会作为授权型行政主体，或者将农村日间照料中心的运营权转移给第三方专业机构。

第三，积极推进"造血"能力建设。一是继续加大政府补贴力度，科学化政府补贴办法，灵活运用固定补贴、成本补贴、资本补贴及其他补贴方法。二是大力发展农村集体经济。农村集体经济是建设社会主义新农村的重要物质基础，是村级组织发挥作用、为村民办实事的核心支撑。实践证明，农村日间照料中心的运营好坏与村集体经济的支持程度成正相关。三是挖掘本土社会资源，推广肥乡县互助幸福院将正式社会资本和非正式社会资本相结合的经验办法，实现人财物等资源的优化整合。四是激发市场参与的活力，通过政府的引导，逐渐培育出农村地区的养老市场，引进市场资本，最终形成自我"造血"能力。

第四，探索可操作性强的评估制度。一是对农村日间照料中心的服务对象进行评估，具体包括对农村社区老龄化状况、农村老年人需求状况[1]等进行评估，从而决定是否建立农村日间照料中心、照料服务等级、政府补贴力度及基础设施和管理人员及服务人员类型等；二是对农村日间照料中心的运营状况进行评估，通过对真实运营状况的考察，及时发现运营中出现的问题，及时监管并作出相应的调整；三是对农村日间照料中心的服务

---

[1] 主要指经济、年龄和身体健康程度等个人状况。

质量进行评估,根据评估结果对日间照料中心及其工作人员进行奖惩,调动其主观能动性。

第五,拓展照料服务范围,分类别和级别定位服务内容。丰富农村日间照料中心的服务范围及功能,一是除为生活能够自理的农村老年人提供餐饮、文娱等"核心服务"外,还为他们提供更多个性化的"增值服务";二是为丧失生活自理能力的农村老年人提供医养康养及上门照料等服务。

第六,开展场地、设施及设备的适老化改造,提高其有效利用率。为了更加符合农村老年人的生理和心理特征,满足他们的实际需要,要充分听取农村老年人的意见,对农村日间照料中心现有场地、设施及设备进行科学合理的适老化改造。特别是对丧失生活自理能力"出行不便"老年人的家居进行适老化改造,为上门照料服务的开展提供硬件保障。

第七,坚持党建引领,融入优秀传统文化,激活社会正能量。农村日间照料中心的可持续发展,需要农村基层党组织在思想上引领、实际行动上示范带动,同时挖掘中华民族优秀的传统文化,特别是传统"孝道"文化中蕴藏的价值认同和实践推动力量,营造尊老敬老的强势道德舆论氛围,提供强大的文化支撑,激活社会各层面捐助帮扶的正能量。在农村日间照料中心建设和运行过程中融入传统文化元素,而不是简单地开展一些尊老、敬老、助老活动,甚至把农村日间照料中心变成"爱心秀场",而是要通过党建工作引导社会各层面用多元化的方式表达对农村养老事业的支持,开展多种形式的捐助活动和志愿服务活动,用更加健康、有效、具有正能量的方法推动农村日间照料中心的可持续发展。

第八,建设专业化的照料服务队伍。从招聘、培训、管理和工资福利等环节入手,形成一套完整的管理人员和服务人员培训和管理体系,以提升农村日间照料中心的服务质量。建立人员聘用培训机制,如岗前培训制度、在职管理人员和服务人员定期免费培训制度、人员持证上岗制度等。通过民政部门组织举办的培训班,对农村日间照料中心的服务人员进行老年人护理、老年心理学、医疗保健、安全急救、沟通技巧等方面内容的专业培训,使其取得相应的上岗资质。支持当地中等职业技术学校开设老年服务与管理、养老护理等相关专业,方便从业人员学习相关知识技能。[1]有条件的地方可以引入第三方专业机构,由专业的老年护理团队提供日间照料服务。

第九,广泛开展志愿服务活动。大力培育为老服务社会组织,特别是农村社区为老服务社会组织,以农村日间照料中心为平台,开展为老志愿服务活动。引导志愿者及志愿者组织定期深入农村日间照料中心为老年人提供理发、洗衣、陪伴聊天、文艺演出等志愿服务。建立党政机关、企事业单位与农村日间照料中心对接机制,形成长期固定的志愿服务关系,开展形式多样的志愿服务活动。

第二节 发展趋势

本书对农村日间照料服务中心的研究,是对农村养老问题的一项有益探索,但是本书的研究也存在一定的局限性。随着时代的发展和科技的进步,未来农村日间照料中心的发展方向和服务内容也必然发生相应的变化。

根据党的十九届五中全会精神和《中共中央关于制定国民经济和社会发展第十四个五年规划和二〇三五年远景目标的建议》有关"实施积极应对人口老龄化国家战略"中"推动养老事业和养老产业协同发展,健全基本养老服务体系,发展普惠型养老服务和互助型养老,支持家庭承担养老功能,培养养老新业态,构建居家社区机构相协调、医养康养相结合的养老服务体系"的建议,本书认为我国农村日间照料中心在未来将出现几个方面的发展趋势。

第一,医养康养相结合。具体指医疗护理和养生康健服务与日间生活照料服务相融合。具体运作:在政府相关职能部门主导下,以农村日间照料中心为载体,将服务对象拓展到生活不能自理的失能失智农村老年人。通过医养和康养的结合,将养老、医疗、护理、康复、保健、养生等植入农村日间照料中心的服务过程中,最终提升照料服务的质量及专业化水平。

---

[1] 李文清. 山西农村老年人日间照料中心可持续发展问题研究 [J]. 山西高等学校社会科学学报, 2017, 29 (7): 25—29.

第二，家庭养老床位的创立。具体指以农村日间照料中心为依托和支点，把日间照料中心的照料服务延伸至家庭，对家中有失能失智的生活不能自理老年人的家居提供适老化改造、专业护理、远程监测等养老服务，以实现"十四五"规划中"居家社区机构养老相协调"的建议要求。对农村老年人来说，首先节省了机构养老的床位费，同时可以在自己熟悉的生活环境中得到日间照料中心的照料服务；对农村日间照料中心来说，最大限度地降低了照料服务门槛，将生活不能自理的农村老年人纳入服务范围，可拓宽运营经费来源，解决农村养老最实际的问题。

第三，智慧养老，即"互联网+农村日间照料中心"。具体指利用信息技术等现代科学技术对农村日间照料中心老年人的生活起居、医疗保健、文娱休闲等进行服务支持，并对涉老信息进行自动检测、预警甚至主动处置，实现技术与老年人的智能交互。通过打造"互联网+农村日间照料中心"的智慧养老方式，实现远程监控和远程照料和服务，在拓展日间照料服务内容和空间的同时，提高照料效率，最终提升农村老年人的养老质量。

附 录

附录1 调查问卷

山西省农村日间照料中心运营现状调查问卷

山西省民政厅政策研究中心

太原科技大学人文社科学院

（此表格由调查员填写）

问卷编号：			
地区编号：			
调查员编号：			
调查日期：	年　月　日		
调查村委会名称：			
地级市、自治州			
县、县级市、区、自治县（旗）			
街道、乡、镇			
村			
调查村基本信息：			
全村人口数：		70岁以上老人数：	
日间照料中心就餐的老年人数：			
日间照料中心工作人员总数：		厨师数：	
		其他工作人员数：	
日间照料中心运行时间：	年　月开始至今		
调查对象基本信息：			
姓名：		年龄：	性别：
身份类别：1. 日照中心服务的老年人 2. 尚未接受服务的普通村民 3. 日照中心负责人 4. 当地村干部 5. 其他			
文化程度：1. 初中及以下 2. 高中（中专） 3. 大专 4. 本科及以上			
联系方式：			

填写说明：

1. 本问卷的调查对象以村委会为单位，请该村日间照料中心服务的老人、日间照料中心负责人、当地村干部及村民认真填写回答。

2. 调查过程中，调查员将会严格按照问卷内容向您提问，并根据您所表达的实际意思来填写合适的内容或选择合适的选项。

3. 本问卷所有题目的答案不分对错，您只需根据您遇到的实际情况回答。调查收集到的所有信息将会仅被用于政策分析和学术讨论，并会被严格保密。

4. 本问卷共分为 2 个部分，其中包括单选题、多选题和问答题，请在符合您情况的选项上打"√"（调查员可协助填写）。

一、服务对象基本信息（日间照料中心老年人或 70 岁以上村民填写，其他身份类别可不填写）

A01. 您的婚姻状况：

A. 单身　　　　B. 已婚　　　　C. 离异　　　　D. 丧偶

A02. 您的子女数：

A. 无子女（选此项者，直接跳做 A05 题）　　B. 1 个

C. 2 个　　　　　　　　　　　　　　　　　　D. 3 个及以上

A03. 假如您生病了，子女能及时来照顾您吗？

A. 能及时过来　　　　　　　　　　B. 在外地打工，回不来

C. 不告诉子女，不想给他们增加负担　　D. 与子女不常联系

A04. 您现在的居住情况：

A. 独自居住　　　　　　B. 与老伴两人居住

C. 与子女共同居住　　　D. 其他

A05. 您与亲戚、朋友或邻居来往密切吗？

A. 经常联系　　　　　　B. 偶尔联系

C. 基本不联系　　　　　D. 没有什么亲戚和朋友

A06. 您的身体状况：

A. 非常健康　　　　　　　　　B. 有常见病或慢性病，但生活可以自理

C. 生活半自理，需要他人协助　　D. 完全不能自理，需要专人照顾

A07. 您的主要收入来源（可多选）：

    A. 退休金或养老金   B. 儿女赡养费

    C. 政府救济   D. 其他

A08. 您的月收入水平：

    A. 200 元以下   B. 200~800 元

    C. 800~2000 元   D. 2000 元以上

A09. 与同龄人相比，您过得幸福吗？

    A. 非常幸福   B. 生活条件不好，但感到很幸福

    C. 有吃有喝，但比不上别人幸福   D. 不幸福

二、日间照料中心服务质量调查（日间照料中心服务的老年人或70岁以上村民填写）

B01. 您是否了解村里办的日间照料服务中心？

    A. 没听说过（选择此项者，由调查员简单介绍情况后，调查结束）

    B. 知道有这么回事儿，没去过

    C. 非常清楚，但不会接受其照顾服务

    D. 清楚，并愿意接受其照顾

B02. 您来日间照料中心的主要原因是什么？（非日间照料中心老人可不填）

    A. 人多热闹   B. 收费低

    C. 家中无人照顾   D. 其他

B03. 您来日间照料中心多久了？（非日间照料中心老人可不填）

    A. 6 个月以下   B. 6 个月至 1 年

    C. 1 年至 2 年   D. 2 年以上

B04. 从您家到日间照料中心需要多长时间？（非日间照料中心老人可不填）

    A. 步行 5 分钟以内   B. 步行 15 分钟以内

    C. 使用交通工具 15 分钟以内到达   D. 任何方式都不好到达

B05. 您在这里主要享受过哪些服务？（非日间照料中心老人可不填，可多选）

A. 餐饮服务 　　　　　B. 棋牌活动 　　　　　C. 聊天解闷

D. 歌舞活动 　　　　　E. 健康体检 　　　　　F. 其他

B06. 您最满意这里的什么服务？（非日间照料中心老人可不填，可多选）

A. 餐饮服务 　　　　　B. 棋牌活动 　　　　　C. 聊天解闷

D. 歌舞活动 　　　　　E. 健康体检 　　　　　F. 其他

B07. 您还希望这里提供哪些服务？（非日间照料中心老人可不填，可多选）

A. 送餐到家 　　　　　B. 理发 　　　　　　　C. 洗澡

D. 打针输液 　　　　　E. 其他

B08. 您对这里的设施与环境满意吗？（非日间照料中心老人可不填）

A. 非常满意 　　　　　B. 满意

C. 一般 　　　　　　　D. 不满意

B09. 您对这里的工作人员满意吗？（非日间照料中心老人可不填）

A. 满意，服务和态度都好 　　B. 服务还行，态度不好

C. 服务不行，但态度还好 　　D. 不满意，服务和态度都差

B10. 您在这里的日间照料中心每天吃几顿饭？（非日间照料中心老人可不填）

A. 不吃饭，只活动 　　　　　B. 1顿饭

C. 2顿饭 　　　　　　　　　D. 3顿饭

B11. 您能够接受的日间照料中心收费标准是多少？（非日间照料中心老人可不填）

A. 只要收费就不考虑去 　　　B. 不高于2元/天

C. 不高于5元/天 　　　　　　D. 只要服务好，都能接受

B12. 您对日间照料中心的评价如何？

A. 很好 　　　　　　　　　　B. 一般

C. 不好 　　　　　　　　　　D. 说不好

B13. 如果反映一些问题，如投诉抱怨服务不到位、乱收费、花费不合理等，知道向哪个机构和部门反映吗？（非日间照料中心老人可不填，可多选）

A. 不知道 　　　　　　　　　B. 村委会

C. 乡镇人民政府　　　　　　D. 民政部门

B14. 您不愿意去日间照料中心的原因有哪些？（非日间照料中心老人可不填，可多选）

A. 儿女照顾得很好，没必要去　　B. 家务活儿多，顾不上

C. 收费太高，接受不了　　　　　D. 行动不便，自己去不了

E. 其他

三、日间照料中心运营现状调查（日间照料中心负责人或当地村干部填写）

C1. 您这里的日间照料中心厨师的待遇水平如何？（日间照料中心负责人必填）

A. 义务　　　　　　　　　　　B. 600 元/月以下

C. 600~1000 元/月　　　　　　D. 1000~1500 元/月

E. 1500 元/月以上

C2. 您这里的日间照料中心工作人员的待遇水平如何？（日间照料中心负责人必填）

A. 义务　　　　　　　　　　　B. 150 元/月以下

C. 150~300 元/月　　　　　　 D. 300~500 元/月

E. 500 元/月以上

C3. 您这里的日间照料中心每年提供就餐的时长是多少？（日间照料中心负责人必填）

A. 除过年外，基本都提供就餐　　B. 9 个月左右

C. 6 个月左右　　　　　　　　　D. 3 个月左右

E. 基本不提供，只是个活动场所

C4. 您这里的日间照料中心的主要支出是什么？（非日间照料中心老人可不填，可多选）

A. 饭菜原料费　　　　　　　　B. 工作人员工资

C. 水电费　　　　　　　　　　D. 其他

C5. 您这里的日间照料中心的主要经济来源有哪些？各多少补助？（非日间照料中心老人可不填，可多选）

A. 县政府补贴　　　　　　　B. 村委会补贴
C. 个人缴费　　　　　　　　D. 社会捐助
E. 其他

C6. 您这里的日间照料中心存在运行困难的方面主要有哪些？（可多选）

A. 经费短缺　　　　　　　　B. 政策不到位
C. 各主体间的职责权限不明确　D. 管理人员能力不足
E. 其他

C7. 您觉得日间照料中心还应该从哪些方面进行改善和提升？（如经费来源和数量、管理办法等意见和建议）

附录2 访谈提纲

一、访谈对象：农村日间照料中心负责人及工作人员

1. 本村日间照料服务中心活动面积有多大？主要配备哪些活动室？工作人员有哪些？
2. 日间照料中心主要开展哪些活动？提供哪些服务？
3. 老年人入驻日间照料中心有没有什么规定，需要哪些程序？
4. 本村日间照料中心的服务对象以什么类型的居多？他们的身体健康情况如何？
5. 目前日间照料中心的运营模式是什么样的（谁主要管理）？您觉得村委会（或村老年协会）主管农村日间照料的过程中，有哪些优势？有哪些不足？
6. 日间照料中心活动资金的来源有哪些？支出有哪些？
7. 您觉得农村日间照料中心发展过程中存在哪些问题？

二、访谈对象：农村日间照料中心服务对象

1. 老人的基本情况（姓氏、年龄、性别、学历、工作经历、收入水平、养老金情况、是否单身、子女数、居家情况——是否跟子女住、身体健康状况）。
2. 您如何看待农村日间照料中心？
3. 您从什么时候开始来这个农村日间照料中心的？
4. 您来这里要交费吗？
5. 您来这里主要是参与哪些活动（包括大小活动）？享受过哪些服务？
6. 与您同龄的邻居、朋友都愿意来这里吗？
7. 请您列举日间照料中心给您生活带来的改变。
8. 您觉得这间日间照料中心还应该从哪些方面进行改善和提升？

三、访谈对象：民政干部

1. 辖区内的农村日间照料中心总体情况（包括建成数量、建成时间、政府补贴、运营状况、配套政策等）。

2. 目前农村日间照料中心的运营模式是什么样的？您觉得现行运营模式存在哪些优势和不足？

3. 目前政府解决农村日间照料中心的发展困境的思路和措施？

四、访谈对象：村民

1. 是否听说过本村有农村日间照料中心？

2. 本村的日间照料中心主要功能有哪些（主要提供哪些服务？开展哪些活动）？

3. 进入本村日间照料中心有没有什么规定，需要哪些程序？

4. 你是否愿意进入村日间照料中心，接收其照料服务？说明原因？

附录3 访谈记录（节选）

附表 访谈统计一览

人员类别	地区（省/市/县/区）	访谈地点	访谈时间	人数	合计（人）
民政系统干部	山西省	山西省民政厅	2018年5月3日9：15 2020年1月8日9：45	2	22
	晋南地区YC市	YC市民政局	2018年6月6日8：10 2018年6月6日12：10	1	
	晋南地区LY县	LY县民政局	2018年6月5日11：30 2018年6月5日13：50	2	
	晋南地区YJ市	YJ市民政局	2018年6月5日14：15 2018年6月5日16：50 2018年6月6日12：10	3	
	晋南地区YH区	YH区民政局	2018年6月6日10：42	1	
	晋南地区JC市	JC市民政局	2019年6月3日12：30 2020年9月28日20：15	6	
	晋中地区TY市	XHL区民政局	2019年7月10日10：30	1	
	晋北地区DT市	DT市民政局	2018年6月8日17：40	1	
	晋北地区YG县	YG县民政局	2018年6月8日10：30	2	
	晋北地区DT县	DT县民政局	2018年6月8日16：19	1	
	晋北地区DT市	视频通话	2019年9月9日12：40	2	

续表

人员类别	地区（省/市/县/区）	访谈地点	访谈时间	人数	合计（人）
农村日间照料中心负责人	晋南地区LY县	PS村日间照料中心	2018年6月5日10：30	1	11
	晋南地区LY县	XCB村日间照料中心	2018年6月5日11：25	1	
	晋南地区YJ市	ZX村日间照料中心	2018年6月5日15：40	1	
	晋南地区YJ市	GY村日间照料中心	2018年6月5日16：27	1	
	晋南地区YH区	雷家坡村日间照料中心	2018年6月6日9：22	1	
	晋中地区ZQ县	XNZ村日间照料中心	2018年6月19日14：30	1	
	晋北地区YG县	SHT村日间照料中心	2018年6月8日11：06	1	
	晋北地区YG县	MJZ村日间照料中心	2018年6月8日12：32	1	
	晋北地区YG县	XJC村日间照料中心	2019年6月8日12：55	1	
	晋北地区DT县	YEJ村日间照料中心	2018年6月8日14：32	1	
	晋北地区DT县	DP村日间照料中心	2018年6月8日16：32	1	
农村日间照料中心工作人员	晋南地区LY县	XCB村日间照料中心	2018年6月5日11：43	1	4
	晋南地区YJ市	ZX村日间照料中心	2018年6月5日16：15	1	
	晋北地区YG县	XJC村日间照料中心	2018年6月8日13：55	1	
	晋北地区DT县	YEJ村日间照料中心	2018年6月8日15：30	1	

续表

人员类别	地区（省/市/县/区）	访谈地点	访谈时间	人数	合计（人）
农村日间照料中心老年人	晋南地区 LY 县	PS 村日间照料中心	2018 年 6 月 5 日 11：06 2019 年 5 月 27 日 12：05	2	9
	晋北地区 YG 县	SHT 村日间照料中心	2018 年 6 月 8 日 11：25	2	
	晋北地区 YG 县	MJZ 村日间照料中心	2018 年 6 月 8 日 12：12	1	
	晋北地区 YG 县	XJC 村日间照料中心	2018 年 6 月 8 日 12：49	4	
村民	晋南地区 LY 县	PS 村日间照料中心	2018 年 6 月 5 日 11：10	1	9
	晋南地区 LY 县	PS 村	2019 年 5 月 27 日 10：30	2	
	晋中地区 YCI 市	ML 村	2018 年 6 月 25 日 10：30	2	
	晋北地区 YZ 区	DP 村	019 年 9 月 9 日 17：25	2	
	晋北地区 YG 县	MJZ 村	2018 年 6 月 8 日 12：22		
		XJC 村	2019 年 9 月 10 日 11：30	2	
其他	晋中地区 ZQ 县	驻 XNZ 村扶贫队	2018 年 6 月 19 日 14：45	2	10
	晋中地区 YCI 市	ML 村村委会	2018 年 6 月 26 日 10：15	2	
	晋中地区 TY 市	QX 社区党群服务中心	2020 年 10 月 10 日 15：00	2	
	晋南地区 L 县	L 县光荣院	2019 年 6 月 27 日 19：30	2	
	晋南地区 L 县	L 县某民办敬老院	2019 年 8 月 24 日 18：30	2	
合计	13（个）	26（个）	2018 年 5 月至 2020 年 10 月	65（人）	

一、晋北地区

SHT 村照料中心负责人（访谈时间：2018 年 6 月 8 日 11：06）

"饭菜成本 4~5 元/（人·天），收费标准才 2 元/（人·天），钱少就少吃点肉"，"没钱办不下去。"

该市福利科科长："这院子每天用的话也不拾掇❶一下？"SHT 村负责人："不碍事。没多大关系，不用管这些。能开了灶就完了。"

SHT 村照料中心老人(69 岁女性)（访谈时间：2018 年 6 月 8 日 12：12）

"（村里其他老年人）不来的主要（原因是）怕给娃娃们添麻烦，村子里说三道四的（人到处）都是。我（是）孤寡（老人），没（思想）负担。"

XJC 村村民（67 岁女性）（访谈时间：2019 年 9 月 10 日 11：34）

"孤寡五保的（老年人）才去（村日间照料中心），我家里三个姑娘一个小子，还看个 2 岁的孙子。在家忙活的……（不会去村日间照料中心）。"

XJC 村村支部武书记（访谈时间：2018 年 6 月 8 日 12：55）

"全村 60（周）岁以上老年人有 200 多人，70（周）岁以上的老年人有 150 多人……（村日间照料中心每年）水费 1000（元），电费也得 1000（元），煤多，冬天烧煤取暖 5000（元）才能下来，（天气）凉的早；人员工资每月 1500（元/人），饭菜采购成本核算下来 4 元/（人·天）……一年花销乱七八糟下来超过 5 万（元），得有 5 万 5（千元）。咱们的日间照料中心收费是按 2 元/（人·天）来收……每年补贴 4 万才能维持下来。"

YEJ 村照料中心负责人（访谈时间：2018 年 6 月 8 日 14：32）

"（全村）一起吃几顿……（村里）70 岁的老人来吃，69 岁的老人来了不让吃？69（岁）的（老人）吃，60（岁）的老人让不让吃？老人带着家里娃娃来了，不让吃？把娃娃撵回去？不如全村一起吃上几次，把钱花完，谁也没意见。"

"村里老人不愿意来，就是不愿意来，不用做（思想）工作，在家还得

---

❶ 晋北方言，"拾掇"意为"收拾、打扫、整理"。

干农活儿带娃娃,过不来。自己家连烧炕带做饭一天就(过)下来了。村子里没必要开灶。农闲下,过来活动活动,一样。没必要开灶。"

DP 村日间照料中心负责人(访谈时间:2018 年 6 月 8 日 16:32)

"我们是个移民村,村委会刚搬过来,和日间照料中心合在一个院子里。移民搬迁款和日间照料中心 10 万元一起建了三间房……村委会办公和日间照料合并,房就能合在一起用,能活动、能开会。灶房老人能用、村委会的人也能用,一起用嘛。""村日间照料中心是 2017 年 7 月建成的……现在还没有开始使用,和村委会一起收拾好了再开始(运营)。"

"村日间照料中心和村委会合在一起建设,将来运营起来,招商银行能给贷下来款。"

"招商银行是我们的扶贫对接单位,桌椅板凳这些都是招商银行给拉过来的,光运费就给了搬家公司 1 万多(元)。"

"(村日间照料中心)现在没有啥问题,就算是有问题,也得等运营开了才算。"

YG 县民政局局长(访谈时间:2018 年 6 月 8 日 10:30)

"村里拿来村日间照料中心的水电费发票,(民政)局里给报销","(民政)局里也愁了,局里也没钱,一直贴也不是办法。"

"民政隔一段时间抽查一下。"

"下一步思路:村委会负主体责任,乡镇政府负主要责任,民政负监管责任。但需要以政府的名义联合出政策。"

DT 县民政局副局长(访谈时间:2018 年 6 月 8 日 16:19)

"钱发下来就属于人家村里自己支配,附近其他村也一样。"

DT 市福利科科长(访谈时间:2018 年 6 月 8 日 17:40)

"(农村日间照料中心的)数量应和质量共同发展,维持不下去干脆停了,政府贴上钱让它们这么搞。"❶

二、晋中地区

ML 村村民(45 岁男性)(访谈时间:2018 年 6 月 25 日 10:30)

---

❶ 主要指实地调研中发现的弄虚作假、名存实亡的日间照料中心。

"没听说过日间照料中心。我给你打听一下。"

ML 村村民（40 岁女性，村小卖店老板）（访谈时间：2018 年 6 月 25 日 11∶25）

"没听说过哪有日间照料中心，附近村子也没听说过有。"

ML 村村支部副书记（2018 年 6 月 26 日 10∶15）

"不弄那个❶，给 10 万元（补贴经费），20 万也不弄那，村子里都搬楼房了，老人来回不方便，肯定办不起来。有儿女的人家一家在一块吃，就老人出来吃？……孤寡的不多，村子里头有钱，每个月发米发面发油发钱，可够他们（老年人）自己吃喝了。"

ML 村村委会主任（访谈时间：2018 年 6 月 26 日 10∶35）

"不好办，办起来了钱不够，只要让村集体出钱，村子里肯定就有人跳出来有意见。不闹那麻烦。你给人家（老年人）磕了碰了，咋和人家（老年人的）儿女们交代，都是麻烦。村干部们又没有一分好处……"

XNZ 村日间照料中心负责人（访谈时间：2018 年 6 月 19 日 14∶30）

"县里每年给补贴 5 万元运营经费，老年人伙食缴费 1 块钱（人/天），就吃中午一顿，20 多个人吃饭，够花。每个村情况不一样，我们村是 70 周岁以上就能来。别的村有 60 周岁的、65 周岁的，也有 70 周岁的。"

驻 XNZ 村扶贫队员（2018 年 6 月 19 日 14∶45）

我们俩 2 个扶贫队员和第一书记每天来这里（日间照料中心）吃，每天交 10 元餐费。日间照料中心就在村里，离工作地近，来回比较方便。去哪也一样，这里环境、伙食还不错……听说周围村子也有，XZ 村也有，他们去 XZ 村的扶贫的队员也在那里的日间照料中心吃，都办得不错，挺好的。"

三、晋南地区

PS 村日间照料中心负责人（访谈时间：2018 年 6 月 5 日 10∶30）

"我原来是村委会的成员，党员，从 2017 年开办村日间照料中心就开始负责这里的工作。2017 年 5 月 15 号正式开灶，一开始有 37 个人上灶吃

---

❶ 指不主动运营村日间照料中心。

饭,到了今年(2018年)有的(老年人)身体状况不允许后人逐渐变少。4月15号填了统计表,现在日间照料中心共计有28个老年人。"

"运营情况方面:平时都开着,能吃两顿饭,9:00到9:30吃上午饭,14:00到14:30吃第二顿。我们这个地方一般都是吃两顿,中午饭晚一点,晚上就不吃了。去年10月20号停的灶,冬天没暖气,老人们冷就回家了,11月到第二年4月日间照料中心歇了几个月。"

"服务内容方面:老年人来了,一天有两顿饭、中午午休、棋牌活动、谝。吃饭顿数有两顿与三顿,但棋牌和谝(各村日间照料中心)都差不多。"

"文件上要求70(周)岁以上,我们村70(周)岁以上有130来人,70(周)岁的(老年人)来了收150(元/月),65(周)岁以上(老年人)收200(元/月),60(周)以上(老年人)收240(元/月)。人越多越好,补贴款花不了,去年有结余。"

"不自理的(老年人)不管,老年人进日间照料中心之前都得体检,乡卫生院可以免费体检……(老年人)进来都得签安全协议,怕有突发疾病。"

"有各项管理制度,还有菜谱、值班表,都在墙上悬挂。"(附图1)

"支出是:水电煤气约摸❶一年下来有3000～5000块,大师傅一个月(工资)给1500元,村里每年给出3万(元)。村里有集体经济,能给补贴上,村里各家都种枣树,收入水平还可以。去年县里补了1万(元)的运营费。还有3个管理员,工资是150块/(人·月)。有40多张床位,中午老人们在这里午休,上午困了歇一歇。3个管理员负责收拾40多张床位、打扫院子里的卫生、买菜、洗碗、餐具摆放……碗都编号(附图2),(老人们)各人用各人的。三个管理员相互监督,比如买菜费用相互监督。"

PS村照料中心老人(90岁男性)(访谈时间:2018年6月5日11:06)

该日间照料中心的其他老年人帮忙介绍:"(这名老年人)90多岁了,每天都来,爱学习,来了日间照料中心就读书看报。老人身体很好,每天自己骑电动三轮车来,三轮停在日间照料中心的院子里。"

---

❶ 晋南方言,"约摸"意为"估计、大概"。

附图 1

附图 2

老人没说话,但拿出自己手写给《中国妇女报》的投稿资料,让课题组成员翻看,并向笔者展示自己来往于家和村日间照料中心的交通工具——电动三轮车。

PS 村村民(访谈时间:2018 年 6 月 5 日 11:10)

"村里不来的老年人,主要是在家看娃、干家务、下地干农活儿。也有思想观念和生活习惯的问题。"

XCB 村日间照料中心负责人（访谈时间：2018 年 6 月 5 日 11：25）

"我们是三个自然村合并共建了一个日间照料中心，算是一个大村子，村大来这里不方便，所以来日间照料中心的老年人不多。三个村中，70 岁以上的老年人有 200 多人，现在来日间照料中心的不到 20 个人。"

"房是原来的旧粮库改的，冬暖夏凉。老年人住的房间是用 10 万块启动经费打的隔断。"

"（这里）老人不多，老年人每个月收 140（元）伙食费，大师傅（工资）每月 900（元），县补助运营经费 1 万 6 千（元/年），村（集体经济）每年补助 1 万多（元），一年共有 3 万多（元）运营费。"

XCB 村厨师（访谈时间：2018 年 6 月 5 日 11：43）

"中午老人们吃面就自己和面，老人们吃馍就去外面买现成的。"

"（日间照料中心的餐饮）条件好，都干净着呢……配有饮水机，都会使用。"

ZX 村日间照料中心负责人（访谈时间：2018 年 6 月 5 日 15：40）

"管理制度和规范是自己❶制定的，每天的菜谱都不一样。就餐人员名单也清清楚楚，共有 36 个老年人，主要是空巢和留守老人。其中有 2 个退伍军人——刚刚去世了 1 人……村日间照料中心采用自助餐形式，标准高，收费就高。"

"请了两个大师傅，月工资 1500（元/人），自己蒸馍，自助餐一样，标准高，一年下来（运营费）不够。（伙食）标准不一样，政府得差别补贴。"

"村里人都会做饭，能开饭店赚钱，所以一般都在外地开饭店，北京、太原都有，收入不错。（日间照料中心）雇了两个大师傅，都是原来在外地开饭店的，年龄大了回来在这做饭，还能照顾家里。"

"日间照料中心里有专门的餐厅、专门的厨房、专门放菜放米面的（房间）。"

"餐厅里的餐桌是捐的，开办日间照料中心的时候问当地企业能不能给老年人做点贡献，人家捐了空调和餐桌，上面都写着企业的名字。"

---

❶ "自己"指村日间照料中心的运营者。

"主要建议：一是解决资金问题，二是政府补贴需要根据每个日间照料中心的规模和服务标准差别对待。"

GY村日间照料中心负责人（访谈时间：**2018年6月5日16：27**）

"全村有户籍人口2000多人，556户。村日间照料中心于2017年9月开始运营，是用10万块建设费新盖的用房。65岁以上的（老年人）可以来吃饭，现在用餐的老年人共有10多个人，连上送餐到家的老年人，共计19人。"

"村子比较大，老年人行动不便，尤其冬天下了雪，就把饭给老年人送到家里。送饭的（老年人每月）多加收50（元）……下一步准备在村里找个专门送饭的人，就顺便跑一跑腿儿捎个饭，一个月挣几十块钱是好事情，肯定有人愿意干。"

"大师傅就一个（人），一个月（工资）1500（元），打饭、洗碗、打扫卫生大师傅都给干，自己蒸馍，又便宜又实惠。大师傅人好，有奉献精神。"

"人越多越好，人越多大师傅越有干劲。日间照料中心也合适，（厨师）工资1500元/月，人多是一个大师傅，人少也是他，还是来上灶的人多了划算。缴费的老年人越多，越划算。"

"建议就是统一提高收费标准，维持日间照料中心的长期运行；补贴要区别对待，运行天数和运营人数相结合考虑；应急措施要完善，灭火器、电器都得注意。"

雷家坡村党委副书记姚永计（访谈时间：**2018年6月6日9：22**）

"党要求我们要做到四个自信，'道路自信、理论自信、制度自信和文化自信'，我们现在做老年人日间照料就是靠我们对办日间照料中心道路的自信，靠我们对自己德孝文化的自信。这是党的思想要求在引领我们的日常照料工作。"

"每月25号收100块的伙食费，必须儿女来交。是家里的老大出，还是儿女们轮流出，还是男的出女的不出，由家庭内部自己协商，但是每月25号必须来日间照料中心给老人缴费。不管费用多少，主要是为了提醒子女赡养老人是必须尽的义务。"

"头年（2011年）11月，村里专门针对取暖问题——就是烟筒安全问题挨家走访，排除隐患。在这个过程中发现了老年人一个人在家吃饭有实际困难：中午吃早上剩下的，晚上吃白天剩下的……正好上面（政府）说搞这个日间照料中心可以解决老年人独自吃饭的问题。然后（2012年）8月1号、2号开（村委）会，马上就定下来（开办日间照料中心），3号就收拾学校，撤点并校以后村里的校舍就空闲下了，9月（村日间照料中心）就开啦，从定到开1个月，很迅速。"

"村里每年给老人发东西都不知道该发什么了，我们村不发愁钱。"

"能做到今天的样子，我总结几个方面：第一，党建工作引领；第二，政府支持；第三，德孝文化。"

"建议：像搞养老保险一样，国家出大头，拿2/3；个人出小头，拿1/3，村里再补一点。"

LY县基层民政干部（访谈时间：2018年6月5日11：30）

"县里对农村日间照料中心的绩效考核标准有三条。看运行时间、上灶人数和服务活动内容。分1到4级给予补助……没有明确的政策和文件，就是以此为依据，业务主管部门的工作人员过来实地看、评。"

LY县民政局局长（访谈时间：2018年6月5日13：50）

"发展农村日间照料中心关键有三点：第一，领导必须重视，要把日间照料中心的发展情况纳入到领导干部考核范围内，让领导干部重视；第二，必须有热心人负责，村干部兼任或退休后主动承担，村里得有这样一个热心人；第三，村风，敬老文化与风气得好。"

"村委会负主体责任，乡镇人民政府负主要责任，民政、财政、食药、消防、公安负相关责任。"

YC市福利科科员（访谈时间：2018年6月5日14：15）

"我们这有一种说法'集体筹一点、个人掏一点、政府补一点、社会捐一点'，现在基本上村集体经济多少都能给'筹一点'；不同地区的老人按规定缴纳60~200元/（人·月）的灶费，'个人掏一点'也基本上能实现；

部分风气好的地区，当地热心人常年也捐个'馍'捐点'肉'，'社会捐一点'虽不多，但也有；省里投资10万元建设日间照料中心后，基本上都实行属地管理，已经属于当地老年协会管理。政府建成后进行了移交了，政府还补贴啥？"

"每个日间照料中心的运行费用依照分类实行差别补贴，补贴费用由县级财政承担。原则上不提供用餐的，每年补贴不低于1万元；提供用餐的，每年补贴不低于3万元，补贴标准由各地根据照料中心规模、服务人数等制定，差别补贴的具体依据是什么，例如：根据什么样的规模、服务人数来制定何种具体的差异化补贴标准呢？补贴方式和金额又应该采取哪种形式且恰到好处呢？"

"100人以下的村子，不如直接把钱发给老年人。"

YJ市民政局股长（访谈时间：2018年6月5日16：50）

"当地主要在外打工，以开饭店的居多。过年家里人都回来和老年人一起过年，所以会停灶1个月。过完年，家里人外出打工后，日间照料中心开始开灶。"

"老人们不来，主要是消费观、养老观、操持家务等原因造成的，发展日间照料中心得转变养老观念，主要还得给子女们做思想工作。"

YC市民政局局长（访谈时间：2018年6月6日8：10）

"2017年我市政府工作报告中提出'民政牵头、属地运营'，明确区分了主体管理责任。当地政府要负主要管理责任，民政负业务指导和监管责任。"

"村委会要负主体责任，乡镇人民政府负主要责任，民政、财政、食药、消防、公安负相关责任。"

"JS县和RC县都有自己的管理办法，老龄委考核、拨款，民政验收，村老年协会实际管理。"

YC市基层民政干部（访谈时间：2018年6月6日12：10）

"我们去了有些贫困村，可怜的都让人掉泪。BX镇，有个村没集体经济，照料中心照样一直维持着。村干部排了表，轮流捐肉。后来村干部想办法，在日间照料中心外立块'功德碑'，谁捐了东西或钱，立马在功德碑上刻（名字）。"

"有的地方采用第三方评估对村里的绩效进行考核，这种办法不太合理。村里人，让他交'可行性报告'，给（民政）局里的人做也费劲。不符合农村具体情况，村里人谁会整[1]可行性报告。"

---

[1] "整"意为"撰写"。

参考文献

[1] 张恺悌,郭平. 中国人口老龄化与老年人状况蓝皮书[M]. 北京:中国社会出版社,2009.

[2] 民政部.民政部发布2019年民政事业发展统计公报[EB/OL].(2020-09-08). http://www.mca.gov.cn/article//sj/tjgb/202009/20200900029333.shtml.

[3] "我国农村老龄问题研究"课题组. 中国农村人口老龄化快速发展,学者吁构建社保体系[N]. 人民日报,2011-04-29(7).

[4] 杨舒. 中国农村"居家扶助型"养老模式研究[M]. 北京:中国社会科学出版社,2020.

[5] 李本公. 中国人口老龄化发展趋势百年预测[M]. 北京:华龄出版社,2006.

[6] 周玉萍. 政府购买社区养老服务研究[M]. 北京:中国社会科学出版社,2019.

[7] 李川渝. 我国城市居家养老社区服务研究[D]. 杭州:浙江大学,2007.

[8] GOMI I,FUKUSHIMA H,SHIRAKI M,et al. Relationship between Serum Albumin Level and Aging in Community-Dwelling Self-Supported Elderly Population[J]. Journal of Nutr Sci Vitaminol,2007(53):37-42.

[9] MELNOW B,KREHOLT I,LAGERGREN M. According to need? Predicting the amount of municipal home help allocated to elderly recipients in an urban area of Sweden[J]. Health and Social Care in the Community,2005,13(4):366-377.

[10] SCHMID H. The Israeli long-term care insurance law:selected issues in providing home care services to the frail elderly[J]. Health and Social Care in the Community,2004.13(3):191-200.

[11] MOODY CHARLES M, STULL DONALD E. Ethnicity and long-term care[M]. New York: Springer Publishing Co, 1998.

[12] KING T. Adult Day Care Assessment Procedures[EB/OL]. [2013-06-10]. http://familycaregiverheroes.com/articles/adult-daycare-elder-daycare.html.

[13] Aged Care Policy Directorate. Western Australia Home and Community Care[R]. Center Based Day Care Report, 2007.

[14] 申策. 美国的社会保险制度对中国养老制度改革的启示 [EB/OL]. [2013-08-29]. http://www.zhongdaonet.com/News Info.aspx?id=8625.

[15] Elder Care Locator. Adult day care. Washington, D.C.: Elder care locator[EB/OL]. (2012-04-13) [2013-06-10]. http://www.eldercare.gov/Eldercare.NET/Public/Resources/Factsheets/Adult_Day_Care.aspx.

[16] 中国标准化委员会. （GB/T33168-2016）社区老年人日间照料中心服务基本要求 [S]. 北京：中国标准出版社, 2016.

[17] 中国政府网. 国务院关于印发"十三五"国家老龄事业发展和养老体系建设规划的通知 [EB/OL]. （2017-03-06）. http://www.gov.cn/zhengce/content/2017-03/06/content.

[18] 贺雪峰. 新乡土中国 [M]. 北京：北京大学出版社, 2019.

[19] 邓燕华, 阮横俯. 农村银色力量何以可能？——以浙江老年协会为例 [J]. 社会学研究, 2008（6）：138.

[20] 敬乂嘉. 从购买服务到合作治理——政社合作的形态与发展 [J]. 中国行政管理, 2014（7）：54-59.

[21] 林闽钢. 我国农村养老实现方式的探讨 [J]. 中国农村经济, 2003（3）：33-39.

[22] PAUL A, SAMUELSON. The Pure theory of Public Expenditure[J]. Review of Economic and Statistics, 1954,（4）:387-389.

[23] 陈振明. 公共管理学——一种不同于传统行政学的研究途径 [M]. 2版. 北京：中国人民大学出版社, 2006.

[24] 斯蒂格利茨. 经济学 [M]. 北京：中国人民大学出版社, 1997.

［25］何小勇．风险、现代性与当代社会发展——当代西方风险理论主要流派评析［J］．内蒙古社会科学（汉文版），2007，28（6）：67-71．

［26］LUPTON D. Risk and SocioculturalTheory：New Directions and Perspectives［M］．Cambridge：Cambridge UniversityPress，1999．

［27］章萍．养老服务 PPP 模式：从理论逻辑到实践运作［M］．北京：中国政法大学出版社，2019．

［28］甘满堂，王瑶．福建乡村老年协会承办社区居家养老服务的模式［J］．福州大学学报（哲学社会科学版），2019（5）：82-89．

［29］李文清．山西农村老年人日间照料中心可持续发展问题研究［J］．山西高等学校社会科学学报，2017，29（7）：25-29．

［30］张正钊．行政法与行政诉讼法［M］．2 版．北京：中国人民大学出版社，2004．

［31］贺雪峰．如何应对老龄化——关于建立农村互助养老的设想［J］．中国农业大学学报（社会科学版），2019（3）：58-65．

［32］何梓嘉．经济来源对西部地区农民养老需求影响的实证调研［J］．生产力研究，2019（9）：58-64．

［33］曹艳春．我国适度普惠型社会福利制度发展研究［M］．上海：上海人民出版社，2013．

［34］贺雪峰．互助养老：中国农村养老的出路［J］．南京农业大学学报（社会科学版），2020（9）：1-8．

［35］费孝通．乡土中国［M］．北京：北京时代华文书局，2018．

［36］费孝通．乡土中国［M］．北京：北京大学出版社，1998．

［37］鲁迎春．上海养老服务供给的探索［M］．上海：上海人民出版社，2019．

［38］VLADECK F. A Good Place to Grow Old：New York's Model for NORC Supportive Service Program［M］．New York：United Hostital Fund，2004．

［39］王振香．社会企业在英国的发展及其对中国的启示［D］．长春：吉林大学，2014．

［40］陈庆云．公共政策分析［M］．2 版．北京：北京大学出版社，2018．

［41］马国贤. 公共政策分析与评估［M］. 上海：复旦大学出版社，2012.

［42］戴安娜·M. 迪尼托. 社会福利：政治与公共政策［M］. 何敏，葛其伟，译，5版. 北京：中国人民大学出版社，2007.

［43］李辉. 农村老年人日间照料中心建设和运行研究——以山西省盐湖区为例［D］. 太原：山西财经大学，2015.

［44］曼昆. 经济学基础.［M］. 7版. 梁小民，梁砾，译. 北京：北京大学出版社，2017.

［45］阿尔弗雷德·马歇尔. 经济学原理［M］. 长沙：湖南文艺出版社，2012.

［46］加布里埃尔·A. 阿尔蒙德，小G. 宾厄姆·鲍威尔. 比较政治学——体系、过程和政策［M］. 曹沛霖，郑世平，公婷，等，译. 北京：东方出版社，2007.

［47］威尔弗雷多·帕累托. 精英的兴衰［M］. 刘北成，译. 上海：上海人民出版社，2003.

［48］纪晓岚. 社会化养老服务模式研究［M］. 北京：中国社会科学出版社，2017.

［49］吕晓莉. 中国城乡失能老人长期照料需求比较研究［M］. 北京：中国社会科学出版社，2006.

［50］陈静. 福利多元主义视域下的城市养老服务供给模式研究［M］. 济南：山东人民出版社，2006.

［51］周三多. 管理学——原理与方法［M］. 4版. 上海：复旦大学出版社，2004.

［53］杨晓晖. 积极福利视角下农村老人日间照料中心问题及对策研究——以河北、河南、山西个案为例［J］. 山西青年，2017（10）：28-29.

［53］王依明，李斌，等. 老年日间照料中心运行管理中的类型定位问题与解决对策［J］. 建筑学报，2016（15）：82-86.

［54］常艳妮. 当前农村养老问题的调查与思考——以陕西农村为调查［J］. 现代商业，2016（5）：189-192.

[55] 郭宏. 兴办"日间照料中心"破解农村社区养老难——平陆县探索农村社区养老新模式的调查 [J]. 中国民政, 2013 (12): 42-43.

[56] 王素英, 孙文灿. 加强日间照料中心建设提高农村养老服务水平——民政部、财政部关于山西省开展农村日间照料中心建设运营情况调研报告 [J]. 社会福利, 2013 (4): 4-6.

[57] 贺雪峰. 农村精英与中国乡村治理: 评田原史起著《日本视野中的中国农村精英: 关系、团结、三农政治》[J]. 人民论坛·学术前沿, 2012 (12): 90-94.

[58] 杨臻. 广西五保村建设刍议 [J] 法制与社会, 2011 (6): 216-217.

[59] 刘建民. 广西农村集中养老模式分析与社会工作介入思考——以广西五保村模式为例 [J]. 传承, 2010 (1): 160-161.

[60] 彭华民, 黄叶青. 福利多元主义: 福利提供从国家到多元部门的转型 [J]. 南开学报 (哲学社会科学版), 2006 (6): 40-48.

[61] 史柏年. 老人社区照顾的发展与策略 [J]. 中国青年政治学院学报, 1997 (1): 1-4.

[62] 陈浩. 贫困县农村社区养老问题研究——以山西省平陆县为例 [D]. 沈阳: 沈阳师范大学, 2017.

[63] 翟敏. 公共政策视角下的农村社区居家养老研究——以运城市盐湖区农村老年人日间照料为例 [D]. 太原: 山西大学, 2016.

[64] 聂慧娇. 专业社会工作介入农村日间照料中心研究——以山西晋城市农村为例 [D]. 西安: 陕西师范大学, 2016.

[65] 温盼盼. 农村社区老年人日间照料中心社会工作介入研究——以湖北省 X 县"三区"计划项目为例 [D]. 武汉: 华中师范大学, 2016.

后 记

  2018年，我有幸参与了山西省民政厅"破解山西农村日间照料中心运营困境研究"课题项目，将我的研究方向引向了"农村日间照料中心"。经过1年的积累，我的教育部人文社会科学研究青年基金项目"农村日间照料中心可持续发展路径研究"立项（项目批准号：19YJC840025），这让我在"农村日间照料中心"的研究领域上跨了一大步。2020年，教育部人文社会科学研究青年基金项目"农村日间照料中心可持续发展路径研究"的研究成果被山西省民政厅部分采纳，并体现在了山西省民政厅规范农村老年人日间照料中心运行的相关政策措施中，例如政府补贴合理化（实行"分类补贴"体现在运营补贴按照提供用餐和不提供用餐的分类管理上）、考核监督与激励相结合（"将考核融入检查工作中"明确定期检查与不定期相结合，对运行良好的日间照料中心实行以奖代补）、探索合作运营模式（鼓励社会力量参与和发挥志愿者作用）等。

  本书是整合了山西省民政厅"破解山西农村日间照料中心运营困境研究"课题和教育部人文社会科学研究青年基金项目"农村日间照料中心可持续发展路径研究"两个项目的研究成果而撰写成的。其中，山西省范围内的问卷调查结果和部分访谈内容来源于2018年山西省民政厅"破解山西农村日间照料中心运营困境研究"课题。

  因此，在成书之际，对山西省民政厅政策研究中心的领导和工作人员表示特别的感谢，如果没有参与这次项目的机会，我不会将近3年来的研究方向聚焦于此，也不会取得现在的研究成果；同时也要感谢太原科技大学人文社科学院的领导和同事，感谢他们一直以来在论文写作、专著出版等各方面给我的指导和帮助；最后感谢我的家人，父母、爱人对我的支持，让我能有大量的时间实地调研、用心钻研思考、写作。

本书的写作，参考了大量相关研究文献，在文中也尽可能一一注明，在此一并致谢，如有不妥或者遗漏之处，恳请读者、专家学者们批评指正。

刘茜

2022 年 2 月